Arie de Ruijter

Claude Lévi-Strauss

Aus dem Holländischen von Hubert van den Berg

Campus Verlag
Frankfurt / New York

Redaktion: Hans-Martin Lohmann

Die Deutsche Bibliothek – CIP-Einheitsaufnahme

Ruijter, Arie de:
Claude Lévi-Strauss / Arie de Ruijter. Aus dem Holländ. von
Hubert van den Berg. Mit einem Anh. von Hans-Martin
Lohmann. – Frankfurt am Main ; New York : Campus Verlag,
1991
  (Reihe Campus ; Bd. 1048 : Einführungen)
  ISBN 3-593-34517-X
NE: GT

Copyright © 1991 Campus Verlag GmbH, Frankfurt/Main
Umschlaggestaltung: Atelier Warminski, Büdingen, unter Verwendung
eines Fotos von Isolde Ohlbaum, München.
Gesamtherstellung: Friedrich Pustet, Regensburg
Printed in Germany

Inhalt

Vorwort 7
Einleitung 8

1. Die Zutaten 13
   Drei Lehrmeisterinnen: Geologie, Psychoanalyse und
   Marxismus 15
   Linguistik 17
   Sozialphilosophie und Soziologie 19

2. Die Konzeption 22
   Grundannahmen 22
   Beweisführung 51

3. Die Problemfelder 64
   Verwandtschaft 65
   Klassifizierung 70
   Mythologie 75

4. Die Grenzen 103
   Verwandtschaft 103
   Klassifizierung 107
   Mythologie 114
   Beweisführung 121
   Ausgangsposition 125

Schluß 129

Anmerkungen 131
Glossar 136
Literatur 141
Biographische Daten 145

Siglen

ES	Die elementaren Strukturen der Verwandtschaft
ET	Das Ende des Totemismus
My I	Mythologica I (Das Rohe und das Gekochte)
My II	Mythologica II (Vom Honig zur Asche)
My III	Mythologica III (Der Ursprung der Tischsitten)
My IV	Mythologica IV (Der nackte Mensch)
SA I	Strukturale Anthropologie I
SA II	Strukturale Anthropologie II
TT	Traurige Tropen
WD	Das wilde Denken

Vorwort

Kein Text steht völlig für sich allein. Er gründet sich auf Fragmente anderer geschriebener und gesprochener Texte. Auch diese Studie gehört zu einem Mosaik, das sich im Laufe der Zeit verändert. Seit 1977, als meine Dissertation über das Werk von Claude Lévi-Strauss erschien, habe ich meine Konzeption in mehreren Veröffentlichungen überarbeitet und modifiziert. Dabei konnte ich mich auf Reaktionen von Studenten und Kollegen, aber natürlich auch auf neue Veröffentlichungen von und über Lévi-Strauss stützen. Obwohl die ursprüngliche Form und Tonart von *Een speurtocht naar het denken* (Assen 1979) noch deutlich wiederzuerkennen sind, haben sich die Akzente doch merklich verschoben; neue Erkenntnisse wurden verarbeitet, entsprechend fallen manche Urteile anders aus.

Die hier vorgelegte Fassung und Sichtweise des Strukturalismus von Lévi-Strauss wurde besonders von meinem Kollegen Willem van Reijen kritisch begleitet. Für seine Anregungen bin ich ihm dankbar. Mein Dank gilt ebenfalls dem Übersetzer, Hubert van den Berg, der mich auf Unklarheiten und Ambiguitäten hingewiesen hat, weiter Dr. Pansters, der mir bei den bibliographischen Nachforschungen zur Seite gestanden hat, sowie Paula und Petra von der Fachgruppe Kulturanthropologie, die den Text wie immer mit viel Geduld und Hingabe druckfertig gemacht haben.

Einleitung

Wer kennt nicht den Mythos von Ödipus, in dem die Erlebnisse des Sohnes des Königs Laios von Theben und seiner Frau Jokaste erzählt werden? Ödipus' Schicksal steht in unmittelbarem Zusammenhang mit der Prophezeiung des Orakels von Delphi: Laios und Jokaste würden nach jahrelanger Kinderlosigkeit einen Sohn bekommen, aber dieser würde seinen Vater töten und seine Mutter heiraten. Die Tragik liegt darin, daß die Weissagung sich bewahrheitet trotz eines letzten Versuchs, dem Spruch des Orakels zu entgehen. Ödipus wird nämlich mit durchschnittenen Sehnen und festgebundenen Füßen in einem unzugänglichen Gebirge ausgesetzt. Es ist deshalb auch nicht verwunderlich, daß Ödipus die Unentrinnbarkeit des Schicksals symbolisiert. Er ist jedoch auch Sinnbild des ewigen Verlangens des Sohns nach der Mutter und des Hasses des Sohns auf seinen Vater. Man kann sich von Sophokles' Version leiten lassen und den Schwerpunkt auf die erste Interpretation legen; man kann aber auch Freud folgen und entsprechend die zweite Deutung bevorzugen.

Wer käme jedoch auf die Idee, die Geschichte des Ödipus als Mittel anzusehen, mit dem die Entstehung der Menschheit thematisiert wird? Diese überraschende Schlußfolgerung zieht Claude Lévi-Strauss 1955. Ihm zufolge hat der Ödipusmythos zwei zentrale Motive. Die erste Frage ist, ob der Mensch aus einem oder zwei Wesen entstanden ist. Die zweite Frage ist, ob – wenn der Mensch aus der Verbindung zweier Wesen hervorgegangen ist – dies dann auch gleichartige Wesen waren. Das Inzestverbot, den moralischen Stützpfeiler der Gesellschaft, vorausgesetzt, muß der erste Mann eine Frau gehabt haben, die nicht seine Schwester war. Daraus ergibt sich allerdings ein logisches Problem: Entweder waren sie doch Bruder und Schwester (Zwillinge), dann ist die Menschheit das Ergebnis von Inzest, was gegen ein fundamentales moralisches Prinzip verstößt, oder aber sie waren nicht Bruder und Schwester, aber dann kann nur einer von beiden der erste Mensch gewesen sein. Der andere muß dann etwas anderes als ein Mensch gewesen sein, was wiederum bedeutet, daß der Mensch von einer Verbindung zwischen Mensch und Nicht-Mensch abstammt. Das impliziert weiterhin, daß die Distanz zwischen Mensch und Nicht-Mensch, zwischen Natur und Kultur begrenzt ist und daß es wenig Grund für eine prinzipielle Trennung zwischen dem Menschen und dem Rest der Schöpfung gibt.

Es geht natürlich nicht so sehr um den Ödipus-Mythos als darum, wie Lévi-Strauss Ausdrucksformen der Kultur definiert und analysiert. Kultur ist ihm zufolge ein großer problemstellender und problemlösender Mechanismus, in dem der Mensch mit diversen logischen Paradoxien und existentiellen Problemen ringt. Geht man von dieser allgemeinen Grundlage und der gleichen physiologisch-psychologischen Konstitution aller Menschen aus, läßt sich auch hinter der Unterschiedlichkeit der Ausdrucksformen der Kultur ein allgemeines Grundmuster ausmachen. Um dies zu entdecken, muß man allerdings einer bestimmten Methode folgen. Lévi-Strauss hat der Entwicklung dieser Methode sein wissenschaftliches Leben gewidmet. In einem Zeitraum von fünfundvierzig Jahren hat er diese Methode auf verschiedenen Gebieten erprobt und verfeinert. Im Verlauf dieser Zeit hat er viel Anerkennung und eine große Anhängerschaft gefunden, aber auch Kritik und Ablehnung auf sich gezogen. So wird er als »Vater des Strukturalismus« angesehen, in den Worten von Schiwy gar als Begründer des Panstrukturalismus.[1] Dessen zentrales Thema ist die Ohnmacht des Individuums und seine Unterwerfung unter Strukturen, die im Grunde unveränderlich sind. Der Mensch ist Teil der Natur. Er wird von den Kräften eines gebieterischen Denk- und Sprachsystems beherrscht.

Diese Position hat zu wütenden Angriffen von Seiten der Existentialisten und der Marxisten Anlaß gegeben. Sie behaupten, der Standpunkt »der Mensch denkt, die Struktur lenkt« führe zu politischer Passivität und trage somit zur Aufrechterhaltung des Status quo bei. Sie sehen den Strukturalismus als eine Pervertierung der Sozialwissenschaften[2], als eine kapitalistische Ideologie, die genauso konservativ ist wie der Katholizismus[3], als das letzte Bollwerk der Bourgeoisie gegen den Marxismus und als eine ethnozentrische Sichtweise der westlichen Ideologie.[4] Der darin enthaltene »hypertheoretische, antihumanistische und unauthentische Objektivismus ist Symptom eines wissenschaftlichen Imperialismus, eines wissenschaftlichen Reduktionismus und eines bürgerlich falschen Bewußtseins«.[5]

Vergessen wir nicht: Im Zentrum dieser Attacken stehen Aussagen eines Kulturanthropologen! Durch sein *Traurige Tropen* aus dem Jahr 1955 hatte sich Claude Lévi-Strauss einen führenden Platz in französischen literarischen und intellektuellen Kreisen erworben. Dieses Buch läßt sich als literarisch-philosophischer Reisebericht seiner Expeditionen zu den Indianern des südamerikanischen Amazonasgebiets charakterisieren. Mit der Veröffentlichung von *Das wilde Denken* (1962) bricht die Blütezeit des Strukturalismus an, die bis zum Mai 1968 dauert.

Schon sehr bald wird *Das wilde Denken* zum Diskussionsstoff für seriöse und weniger seriöse Philosophen, Literaten, Theologen und so weiter. Sie äußern ihre Ansichten in verschiedenen französischen Zeitschriften wie *Temps Modernes*, *L'Arc* und *Annales*. Diese Diskussion zwischen Existentialisten, Phänomenologen, Marxisten und Strukturalisten erhält

1965 und 1966 einen neuen Impuls durch die Konfrontation zwischen den Literaturkritikern Raymond Picard und Roland Barthes.[6] Innerhalb weniger Jahre erscheinen aus der Feder von Strukturalisten, die aus unterschiedlichen Disziplinen kommen, mehrere wichtige Werke. Von Lévi-Strauss selbst *Vom Honig zur Asche* (1966) als Fortsetzung von *Das Rohe und das Gekochte* (1964), von dem bereits erwähnten Literaturkritiker Barthes *Die Sprache der Mode* (1967), von dem Philosophen Louis Althusser und dessen Mitarbeitern *Für Marx* (1965) und *Das Kapital lesen* (1966), von dem Psychoanalytiker Jacques Lacan *Ecrits* (1966), von dem Religionshistoriker Georges Dumézil *La Religion Romaine Archaique* (1966) und schließlich von dem Philosophen Michel Foucault *Die Ordnung der Dinge* (1966). Zur selben Zeit erscheint mit *Der Strukturalismus* (1968) eine Gesamtdarstellung des Entwicklungspsychologen Jean Piaget. In dieser Studie verweist Piaget auf die lange wissenschaftliche Tradition des Strukturalismus als Methode und bedauert die oberflächlichen, modisch gefärbten philosophischen Diskussionen, denen der Strukturalismus ausgesetzt ist. Damit befindet er sich in bester Gesellschaft mit Lévi-Strauss selbst. Dieser will mit seinen »Pariser Anhängern« nicht viel zu tun haben. Viele dieser »geistigen Kinder« erkennt er absolut nicht an. Er leugnet jegliche Verwandtschaft zwischen seinem Werk und diesem »Panstrukturalismus«. »Ich will eine Sache deutlich machen: ich habe niemals irgendeine Bewegung oder Doktrin angeführt; ich verrichte meine Arbeit in nahezu vollständiger Isolation, lediglich umgeben von einem Team von Ethnologen.«[7] Auch in seiner Kritik ist er schonungslos. Die Erklärung für die Popularität eines solchen Strukturalismus liegt ihm zufolge in dem völligen Mangel an Selbstkritik, einer übertriebenen Modeanfälligkeit und einer intellektuellen Instabilität. Am besten lasse sich die Anwandlung für den Strukturalismus damit erklären, daß französische Intellektuelle alle zehn bis fünfzehn Jahre Bedarf an einem neuen Spielzeug haben. Es wird ihn deshalb auch nicht erstaunt oder gegrämt haben, daß dieser Strukturalismus Ende der sechziger Jahre bereits wieder ausgedient hatte. Stolz ist er allerdings darauf, innerhalb der Anthropologie eine strukuralistische Methode entwickelt zu haben.

Diesem methodischen Strukturalismus ist meine Studie gewidmet. Ehe ich das Programm von Lévi-Strauss – Konzeption (Kapitel 2), Problemfelder (Kapitel 3), allgemeine Kritikpunkte (Kapitel 4) – darstelle, gehe ich auf Zielsetzung und Einflußquellen (Kapitel 1) ein, da sie in gegenseitiger Wechselwirkung die Zutaten bilden.

1. Die Zutaten

Eigentlich hat Lévi-Strauss eine einfache Botschaft. Er will zeigen, daß die Kreativität des Menschen ehernen Denkgesetzen unterworfen ist. Diese durch Struktur und Wirkungsweise des Gehirns bestimmten Denkgesetze regulieren die menschlichen Ausdrucksformen. Sie bilden deshalb auch die letztliche Erklärung für die universellen und konstanten Elemente, die sich aus Gewohnheiten, Klassifizierungen und Darstellungen herausfinden lassen. Das Charakteristische dabei ist, daß er diese Denkprinzipien mit Hilfe einer vergleichenden Analyse von Kulturprodukten ermitteln will. »Wie bei allen meinen bisherigen Bemühungen geht es darum, zu verstehen, wie der menschliche Geist arbeitet.«[8] Diese Erkundung des Denkens ist seit 1950 das zentrale Thema nahezu aller Veröffentlichungen von Lévi-Strauss.

Durch die Erforschung von Unterschieden werden konstante, notwendige Beziehungen zwischen Phänomenen gesucht. »Der Anthropologe, der mit Tausenden von Gesellschaften und der unglaublichen Vielfalt von Fakten konfrontiert ist, muß sich zwischen zwei Möglichkeiten entscheiden: entweder er beschreibt und inventarisiert diese Vielfalt, und seine Arbeit wird achtenswert, aber nicht wissenschaftlich sein, oder er gibt zu, daß hinter dieser Vielfalt etwas liegt, das tiefer geht und wissenschaftlich ist. Das Streben nach dem Finden einer grundlegenderen, tieferen

13

Realität hinter der Vielfalt scheinbarer Wirklichkeiten ist die Voraussetzung für den Fortbestand der Humanwissenschaften.«[9]

Von dem Versuch ausgehend, Denkgesetze herauszufinden, wendet sich Lévi-Strauss der Beziehung Natur-Kultur zu. Der Mensch gehört zu beiden Bereichen. Lévi-Strauss' Ausgangspunkt ist, daß jede allgemeine Theorie über das menschliche Handeln die Natur des Menschen berücksichtigen muß, weil diese der Kultur Begrenzungen auferlegt. Natur ist dabei all das, was aus biologischer Vererbung hervorgeht; Kultur dagegen alles, was durch externe Überlieferung erworben wird. Kultur umfaßt alle Bräuche und Fertigkeiten, die der Mensch als Mitglied einer Gemeinschaft erlernt.[10] Auf der einen Seite gibt es die Bindung an das Tierreich durch alles, was der Mensch bei der Geburt auf biologischem Wege mitbekommen hat, auf der anderen Seite gibt es die Umstände, die den Menschen mit dem selbstgeschaffenen Universum verbinden, in dem er als Mitglied einer Gemeinschaft lebt.

Hinter den vielen oberflächlichen Differenzen in der sozialen Organisation, den politischen und ökonomischen Institutionen, den Klassifizierungen, den religiösen Darstellungen und Handlungen und der Kunst erkennt Lévi-Strauss grundsätzliche Übereinstimmungen. Diese grundsätzlichen Übereinstimmungen sind nicht im Gehalt der Institutionen sichtbar oder lokalisierbar, sondern sie liegen in den Strukturierungsprinzipien, die immer und überall wirksam sind und deshalb auch zur Ordnung der Natur gehören.

Eine Reihe von Quellen hat Lévi-Strauss zu diesen Erkenntnissen und zu dieser Methode angeregt. Auf sehr persönliche Art hat er Elemente aus verschiedenen Disziplinen, theoretischen Orientierungen und philosophischen Strömungen selektiert. Fast jede seiner Ideen kann man auf eine oder mehrere Quellen zurückführen. Deshalb kann man von Überdetermination sprechen.[11] Lévi-Strauss hat aus den verschiedenen Elementen eine eigene Einheit errichtet.

Die wichtigsten Zutaten für seinen Strukturalismus verdankt er seinen eigenen Worten zufolge »drei Lehrmeisterinnen«: der Geologie, der Psychoanalyse und dem Marxismus. Die Linguistik – insbesondere die Auffassungen von Ferdinand de Saussure und Roman Jakobson – und die Soziologie – speziell die französische soziologische Schule, zu der er Rousseau als eine Art Vorläufer rechnet – haben jedoch sicherlich einen ebenso tiefgreifenden Einfluß ausgeübt. Schließlich muß auch noch die Philosophie erwähnt werden, da Lévi-Strauss von Hause aus »Berufsphilosoph« ist. Das Auffälligste daran ist, daß er sich wiederholt von der Phänomenologie abgrenzt, aber inhaltlich trotzdem immer wieder auf sie zurückgreift.

Drei Lehrmeisterinnen: Geologie, Psychoanalyse und Marxismus

Von Kindheit an hat sich Lévi-Strauss für die Geologie interessiert. Zu seinen liebsten Erinnerungen gehört, wie er einer Berührungslinie zwischen zwei Erdschichten in Languedoc gefolgt ist (TT 49). Die Geologie hat ihn gelehrt, daß man eine scheinbare Unordnung erklären kann, indem man Determinanten sucht, die auf den ersten Blick nicht wahrzunehmen sind. Es ist die geologische Komposition eines Gebiets, die die Unterschiedlichkeit einer Landschaft zu einem wesentlichen Teil erklären kann. Sie erklärt, warum die Pflanze A hier wächst und die Pflanze B dort.

Die Psychoanalyse erteilt dieselbe Lektion: Hinter scheinbar Irrationalem liegt ein tieferer Sinn. Sowohl in der Geologie als auch in der Psychoanalyse sieht sich der Forscher vor Phänomene gestellt, die auf den ersten Blick nicht zusammenhängen. Die Ordnung, die der Forscher in die Vielfalt hineinbringt, ist nicht willkürlich. Die Psychoanalyse versteht Lévi-Strauss als die Anwendung der geologischen Methode auf das

Individuum: »Anders als die Geschichte der Historiker versucht die Geschichte des Geologen wie des Psychoanalytikers, einige Grundmerkmale des physischen und psychischen Universums, ähnlich wie ein lebendes Bild, in die Zeit zu projizieren.« (TT 50)

Ebenfalls in seiner Jugend kam Lévi-Strauss mit dem Marxismus in Berührung. Hierdurch tat sich ihm eine Welt auf (TT 50). Obgleich zwischen dem Strukturalismus und dem Marxismus grundsätzliche Unterschiede nachweisbar sind, findet man in Lévi-Strauss' Werk zahlreiche Anknüpfungen an Marx. So schreibt er: »Ich lasse mich selten darauf ein, ein soziologisches oder ethnologisches Problem zu entwirren, ohne zuvor meine Gedanken durch ein Paar Seiten aus dem *18. Brumaire des Louis Bonaparte* oder der *Kritik der politischen Ökonomie* angeregt zu haben.« (TT 50)

Lévi-Strauss sieht seine Arbeit sogar als Ergänzung zu der von Marx. Wo Marx sich vor allem mit der Theorie des sozialökonomischen Unterbaus – der Basis – beschäftigt hat, versucht er, eine Theorie der kollektiven Ideen – des Überbaus – zu formulieren.

Der Einfluß, der von der Geologie, der Psychoanalyse und dem Marxismus ausgegangen ist, war vor allem methodologischer Art. Lévi-Strauss hat den gemeinsamen methodologischen Kern übernommen. Die Psychoanalyse, der Marxismus, aber auch die Geologie weisen nach, »daß verstehen heißt, einen Typus der Realität auf einen anderen zu reduzieren; daß die wahre Realität niemals diejenige ist, die sich am offenkundigsten zeigt; und daß die Natur des Wahren bereits in dem Fleiß durchscheint, den sie daransetzt, sich zu entziehen« (TT 51).

Inhaltlich liegen zwischen Stukturalismus, Psychoanalyse und Marxismus Welten. In der Psychoanalyse wird im diametralen Gegensatz zum Strukturalismus die endgültige Erklärung im »Inhalt« und nicht in der »Form« gefunden.[12] Die Unterschiede zwischen Strukturalismus und Marxismus drehen sich vor allem um die Rolle der Geschichte und des

Fortschrittsglaubens. Lévi-Strauss sieht keine einzige besondere Rolle, die dem Menschen vorbehalten wäre; er ist nur ein Werkzeug in der Entfaltung der Natur. »Die Welt hat ohne den Menschen begonnen, und sie wird ohne ihn enden.« (TT 411; vgl. auch My IV 815ff.)

Linguistik

Lévi-Strauss charakterisiert Kultur als eine große Maschine, die den Zweck hat, die Kommunikation zwischen den Menschen mit Hilfe unterschiedlicher Medien auf verschiedenen Ebenen in Gang zu setzen und zu halten. Kein Wunder, daß er vor allem die Linguistik rezipiert hat, um Kultur zu analysieren.

Um Lévi-Strauss' Arbeitsweise zu verstehen, ist es unverzichtbar, de Saussures und Jakobsons Darstellung der Linguistik zu kennen. Bereits während seiner Studienzeit kam Lévi-Strauss mit Saussures *Grundfragen der Allgemeinen Sprachwissenschaft* (1916) in Berührung. De Saussures Auffassung der Linguistik hat in der Wiedergabe von Jakobson großen Einfluß auf Lévi-Strauss ausgeübt, und zwar so sehr, daß er bereits 1945 behauptete, die strukturalistische Linguistik werde bestimmt dieselbe umwälzende Rolle in den Sozialwissenschaften spielen wie die Atomphysik in den Naturwissenschaften (SA I 44). Diese revolutionäre Rolle ist Lévi-Strauss zufolge insbesondere möglich, weil sie

a) die Untersuchung bewußter (linguistischer) Phänomene auf die Untersuchung ihrer unbewußten Determinanten verlagert;

b) Begriffe nicht als unabhängige Einheiten behandelt: Die Beziehungen zwischen den Begriffen bilden die Grundlage der Analyse.

Lévi-Strauss' Strukturalismus kann man zu einem wesentlichen Teil als Fortsetzung und Anwendung dieser linguistischen Konzeption auf andere Kulturaspekte als die Sprache verstehen. Drei Aspekte sind dabei von Bedeutung: das Arbiträre, das Diakritische und das Regelgebundene sprachlicher Zeichen. Als Doppelheit von Konzept und Lautbild ist ein sprachliches Zeichen als erstes arbiträr. Das Lautbild ist der *Signifikant* (Bedeutungsträger) und das Konzept das *Signifikat* (Bedeutung). Im Prinzip kann jede Bedeutung von jedem Bedeutungsträger ausgedrückt werden.

Ferner sind die Beziehungen zwischen »Lautbild« und »Konzept« Beziehungen gegenseitiger und gleichzeitiger Abhängigkeit voneinander. Ein Zeichen hat nur Bedeutung durch die gleichzeitige Anwesenheit anderer Zeichen. Das Zeichen funktioniert, indem es in gewisser Hinsicht anders ist als die übrigen Zeichen, es ist diakritisch. Schließlich muß man davon ausgehen, daß Zeichen sich nach bestimmten Prinzipien zu verschiedenen Kombinationen aneinanderfügen. Um Lévi-Strauss' Strukturalismus besser zu verstehen, ist vor allem der Unterschied zwischen paradigmatischen und syntagmatischen Ketten von Bedeutung. Die Beziehungen eines Zeichens zu anderen Zeichen, die diesem Zeichen vorangehen, ihm folgen oder es einschließen, sind syntagmatische Beziehungen. Zeichen, die potentiell in ein- und demselben Kontext vorkommen können, bilden paradigmatische Ketten. Weil das Wort »Glas« potentiell in einem Kontext »ein ... Milch« vorkommen kann, steht es in einer paradigmatischen Beziehung zu Worten wie »Tasse«, »Becher«, »Flasche«. In einer syntagmatischen Beziehung steht »Glas« zu »ein« und »Milch«.[13] Man kann auch sagen, daß die paradigmatische Beziehung auf dem Erkennen von Ähnlichkeit und die syntagmatische Beziehung auf dem Erkennen von Kontiguität (Nähe) beruht.

Dieser Unterschied zwischen paradigmatisch und syntagmatisch – der Schlüssel zu Lévi-Strauss' struktularer Analyse – entspricht der ebenfalls üblichen Einteilung in metaphorisch und metonymisch. Lévi-Strauss verwendet schließlich auch die analoge Unterscheidung Harmonie-Melodie.[14] Man findet bei Lévi-Strauss also:

paradigmatisch – syntagmatisch
metaphorisch – metonymisch
Harmonie – Melodie

Sozialphilosophie und Soziologie

Rousseau nimmt einen bedeutenden Platz in Lévi-Strauss' Denken ein. Er läßt kaum eine Gelegenheit verstreichen, ohne auf den Einfluß Rousseaus auf sein Denken zu verweisen (TT, ET, WD, SA II u. ö.).

Lévi-Strauss begreift seine eigene Arbeit insofern als Weiterführung der Linie Rousseaus, als beide danach suchen, was im Menschen ursprünglich (natürlich) bzw. was künstlich (kulturell) ist (TT 387 f.). Sowohl für Rousseau als auch für Lévi-Strauss kann die Analyse der eigenen Gesellschaft lediglich Auskünfte über bestimmte Menschen ergeben, während das Studium anderer Gesellschaften uns etwas über den Menschen im allgemeinen sagen kann. In Anlehnung an Rousseaus Hervorhebung des Anderen geht Lévi-Strauss davon aus, daß es auch nur insoweit einen Raum für eine Wissenschaft vom Menschen gibt, wie der Andere Teil »meiner selbst« ist. Lévi-Strauss will damit sagen, daß nur das, was alle Menschen teilen, die Grundlage für eine Humanwissenschaft bilden kann. Dieses Gemeinsame liegt in der Natur des Menschen. Auch in engerem Sinne kann man Rousseaus Erbe bei Lévi-Strauss wiederfinden, etwa die Achtung vor dem »edlen Wilden«, das Interesse an der Grenze zwischen Natur und Kultur oder die Beachtung der entscheidenden Rolle der Sprache in Hinblick auf die Entstehung der Gesellschaft.[15]

Der Einfluß der französischen soziologischen Schule ist

Lévi-Strauss' Untersuchungen ebenfalls sehr deutlich anzumerken. Das Interesse für primitive Klassifizierungen und Formen der Konzeptualisierung fallen vollständig in die Tradition von Emile Durkheim und Marcel Mauss. Lévi-Strauss ist allerdings stärker als sie an den allgemeinen Merkmalen des Denkens interessiert sowie an dem, was allen Menschen gemeinsam ist.

In der französischen soziologischen Schule kann man bereits Ansätze erkennen, »hinter die Fakten« zurückzugehen. Es gibt ein gewisses Maß an Mißtrauen gegenüber der sichtbaren Realität. Allmählich kristallisiert sich das Wissen um eine mögliche Disparität zwischen den Bildern, die die Betroffenen sich machen, und der »tatsächlichen Struktur« heraus, derer sich die Betroffenen nicht bewußt sind. Diese Erkenntnis findet ihren Widerhall in der Art, wie die soziale Struktur von dieser Schule konzipiert wird. Betont werden die Prinzipien, die den beobachteten Daten zugrundeliegen; diese bestimmen die wahrnehmbaren Beziehungen und Prozesse.

Von der französischen soziologischen Schule hat namentlich Mauss Einfluß auf Lévi-Strauss' Denken ausgeübt. Vor allem in Hinblick auf die Hervorhebung der Totalität und des Reziprozitätsprinzips stützt sich Lévi-Strauss auf Mauss' Analyse. Mauss legte großen Nachdruck auf das totale gesellschaftliche Phänomen in primitiven Gesellschaften. Jedes Phänomen in einer als primitiv bezeichneten Gesellschaft, so Mauss, ist zugleich juristisch, ökonomisch, religiös und sozial. Außerdem hat jedes Phänomen seinen ästhetischen Aspekt und deckt das morphologische Charakteristikum auf.[16] Die Totalität besteht aus dem Netzwerk funktionaler Beziehungen zwischen all diesen Sektoren. Analog zu Mauss' Begriff der Totalität als einer Vielfalt verschiedener, aber miteinander verbundener Sektoren und Ebenen – jedenfalls in primitiven Kulturen – ist Lévi-Strauss' *Ordnung der Ordnungen*-Konzeption von Kultur.

Mauss' *Die Gabe. Form und Funktion des Austauschs in*

archaischen Gesellschaften (1925) kann man, was die Anthropologie betrifft, ohne Übertreibung als die Quelle bezeichnen, der Lévi-Strauss die meisten Anregungen entnommen hat. Vor allem Mauss' Schlußfolgerung über den universellen Charakter des Geschenketauschs hat in der Entwicklung von Lévi-Strauss' Strukturalismus eine bedeutende Rolle gespielt. Diesem Essay hat er sein Reziprozitätsprinzip als Grundelement des sozialen Lebens entnommen.

2. Die Konzeption

Grundannahmen

Der Grundgedanke von Lévi-Strauss ist, daß der Mensch Teil der Natur ist. Die Erklärung für menschliches Denken und Tun muß man daher auch in der Natur suchen. Man muß den Menschen vor dem Hintergrund des biologisch Gegebenen interpretieren. Zu dieser Natur gehört die Fähigkeit der Sinngebung. Soziokulturelle Phänomene – Verwandtschaft, Kunst, Mythologie, Sprache – sind Ausdrucksformen einer inhärenten Sinngebung, die ihnen zugrundeliegt. Sie unterliegen alle denselben Gesetzen, da diese Gesetze aus der physisch-biologischen und psychischen Konstitution des Menschen hervorgehen.

Schon 1955 schrieb Lévi-Strauss: »Dennoch existiere ich. Sicher nicht als Individuum; denn was bin ich in dieser Hinsicht anderes als der immer wieder in Frage gestellte Einsatz im Kampf zwischen einer Gesellschaft, welche aus Milliarden von Nerven unter dem Termitenhügel des Schädels besteht, und meinem Körper, der ihm als Roboter dient? ... Das Ich ist nicht allein hassenswert; es hat auch keinen Platz zwischen einem *Wir* und einem *Nichts*.« (TT 411f.) Lévi-Strauss geht davon aus, daß das Subjekt – das »unerträglich verwöhnte Kind, das allzu lange die philosophische Szene beherrscht ... hat« (My IV 808) – nur oberflächlich betrachtet den Eindruck erweckt, frei zu sein und frei zu agieren. Eigentlich spielt das Subjekt lediglich eine determinierte Rolle: die eines Werkzeuges bei der Entfaltung der Natur, die sich von der ursprünglichen zur endgültigen Stille bewegt (My IV 816 f.; s. a. TT 411). Die Geschichte der Menschheit ist ein Naturgeschehen, das sich vollzieht, und in dem das Eingreifen des Menschen selbst lediglich ein Element ist. Sie ist eine Weltgeschichte, in der dem Menschen keine besondere Rolle vorbehalten ist. Die Existenz des Menschen ist eine Episode; seine Bestimmung ist der definitive Untergang.

Dieser Naturalismus von Lévi-Strauss ist mit der Auffassung verbunden, daß es eine Diskontinuität gibt und daher einen Unterschied zwischen der »Erscheinung« (der empirischen, konkreten Realität, oder anders gesagt: dem Erlebnis) und der »Realität« (der eigentlichen Realität). Hieraus folgt, daß sich Lévi-Strauss von der Phänomenologie, dem Existentialismus und dem Empirismus absetzt.

Lévi-Strauss zufolge ist es unakzeptabel, eine Kontinuität zwischen Erleben und Realität zu postulieren. Um an die Realität heranzukommen, muß man zunächst auf Distanz zum »Erleben« gehen, sich davon freimachen, um die Realität danach in eine objektive Synthese zu reintegrieren, die jegliche Sentimentalität abgelegt hat (TT 51). Kann insoweit noch von Phänomenologie im besten Sinne gesprochen werden, so folgt die für Lévi-Strauss typische Wendung auf dem Fuß: Die Wissenschaft hat die Aufgabe, »das Sein in bezug auf sich selbst und nicht in bezug auf mich zu begreifen« (TT 51). In scharfen Worten stellt er fest: »Jene Neigung, persönliche Sorgen in den Rang philosophischer Probleme zu erheben, läuft allzu sehr Gefahr, in eine Metaphysik für junge Mädchen abzugleiten, ... Statt die Metaphysik abzuschaffen, führten die Phänomenologie und der Existentialismus zwei Methoden ein, um ihr Alibis zu besorgen.« (TT 51) Lévi-Strauss hält sowohl das spontane Bewußtsein als auch das reflektierende Bewußtsein – das Sich-Bewußt-Sein vom eigenen Bewußtsein – für den heimlichen Feind der Humanwissenschaften. Das Bewußtsein und die bewußten Spielregeln soziokultureller Institutionen üben eine »verschleiernde« Wirkung aus. Man muß sich darum auch von der »Evidenz« des Bewußtseins und den Gewißheiten der Erfahrung lösen, um die Wirklichkeit, nach der die Wissenschaft sucht, zu erreichen. Bewußte Bedeutung ist nämlich stets reduzierbar, das Finden von Bedeutung ist sekundär. Die essentielle Arbeit besteht darin, die Mechanismen des Denkens zu entdekken (SA I 79).

Es ist auch ein Irrtum zu unterstellen, die Realität könne durch die Sinnesorgane unmittelbar erkannt werden. Die Realität ist niemals direkt gegeben: Sie liegt hinter der Empirie verborgen und steuert sie. Um zu wissenschaftlichen Erkenntnissen zu kommen, muß man deshalb auch die unmittelbare sinnliche Erfahrung und *common sense*-Begriffe fallen lassen. Nur unbewußt wirksame (Denk-)Strukturen können die Empirie erklären, und man kann diese nur mit Hilfe des Bewußtseins kennenlernen unter der Voraussetzung, daß sich dieses von dem Erlebten löst.[17]

In Lévi-Strauss' Konzeption ist die Wirklichkeit mit anderen Worten hierarchisch gegliedert. Obwohl er bisweilen den Eindruck erweckt, eine Reihe von Wirklichkeitsebenen zu unterscheiden, arbeitet er in den weitaus meisten Fällen mit einer Zweiteilung: Es gibt die Ebene der Erscheinung oder der konkreten Realität, bestehend aus den empirischen Fakten, und die Ebene der eigentlichen Realität, bestehend aus Strukturen. Die Distanz und damit die Ähnlichkeit zwischen der konkreten und der eigentlichen Realität können von Objekt zu Objekt differieren. Die konkrete Realität kann auch die Kontradiktion der eigentlichen Realität sein. Die konkrete Realität verbirgt eine andere, tiefere, nicht wahrnehmbare Realität. Es ist die Aufgabe der Wissenschaft, diese aufzudecken, da diese »eigentliche Realität« die »empirische Realität« steuert und gestaltet.

Ein Beispiel dafür, wie die eigentliche Realität die konkrete Realität steuert, gibt Lévi-Strauss in der *Strukturalen Anthro-*

pologie II. Er benutzt dabei einen Vergleich mit dem Geduld-spiel. Wenn die Teile eines Puzzles von einer mechanischen Säge, deren Bewegungen von einer Nockenwelle regelmäßig verzerrt werden, automatisch ausgestanzt wurden, dann ist die Struktur des Puzzles nicht auf der empirischen Ebene auszumachen. Der Schlüssel der Struktur liegt vielmehr in der mathematischen Formel, »welche die Beziehung zwischen den jeweiligen Umrissen der Nocken und ihrer jeweiligen Rotationsgeschwindigkeit zum Ausdruck bringt: Informationen, die keine wahrnehmbare Entsprechung zu dem Puzzle haben, wie es dem Spieler oberflächlich erscheint, obwohl nur sie es verständlich machen und eine logische Methode liefern können, es zu lösen« (SA II 97).

Um die eigentliche Wirklichkeit kennenzulernen, muß man Modelle entwickeln. Modelle sind nämlich manipulierbar. Modelle sind theoretische Diagramme. Der Forscher verwendet sie, um die nicht unmittelbar sichtbare Beziehung zwischen Phänomenen nachvollziehen zu können. Die Modelle erklären die beobachteten Phänomene, indem sie die Beziehung dieser Phänomene zu nichtsichtbaren Prinzipien oder Determinanten ins Licht rücken. Indem man Phänomene oder Variable hervorhebt, wird ein strategisches Niveau erreicht, von dem aus eine bestimmte Konstellation von Phänomenen und deren Funktionieren erklärt werden kann. Modelle sind dabei Rekonstruktionen der eigentlichen Realität. Der Forscher setzt dann Modelle Strukturen gleich, zumindest in dem Sinne, daß Modelle formalisierte Darstellungen von Strukturen sind.[18] Der ontologische Charakter von Modellen ergibt sich auch aus der These von Lévi-Strauss: »Meiner Ansicht nach sind Modelle Realität, und ich würde sogar sagen, daß sie die einzige Realität sind.«[19] Von diesem Verständnis des Modellbegriffs ausgehend läßt sich verdeutlichen, was der Anspruch des Strukturalismus ist: durch Modelle die eigentliche Realität zu rekonstruieren. Lévi-Strauss' Ziel ist es, Modelle zu konstruieren, die nicht nur nützliche Hilfsmittel, sondern Wiedergabe dessen sind, wie der Mensch in der untersuchten Kultur denkt, letztlich also Wiedergabe der unbewußten Denkstrukturen des Menschen.

Modelle müssen einfacher sein als die konkrete Wirklichkeit, die sie repräsentieren, weil dadurch die Verständlichkeit des Objekts zunimmt. Beide Reduktionsformen, Vereinfachung und Verkleinerung, haben dieselbe Funktion: den Verlust an sinnlichen Dimensionen durch den Gewinn an intellektuellen Dimensionen zu kompensieren. Aus diesen beiden Kriterien, die Lévi-Strauss hervorhebt, ergibt sich zugleich, daß in der Perzeption das Ganze vor den Teilen kommt. Man kann ja erst verkleinern, wenn man das Ganze (die Totalität) kennt, zumindest wenn man die Beziehung zwischen den Teilen intakt lassen will.

Lévi-Strauss räumt also ein, daß es zwei Arten von Modellen gibt. Es gibt ein Modell, das sich als Hilfsmittel für Beschreibungen und Vergleiche eignet, ohne daß dieses Modell die beschriebenen Phänomene auch wirklich repräsentiert. und es gibt ein Modell, das zur wirklichen, wahren Wiedergabe der beschriebenen und verglichenen Phänomene dienen kann. Um dieses zweite Modell geht es. In Lévi-Strauss' Erörterungen steht eigentlich die erkenntnistheoretische Frage im Mittelpunkt, unter welchen Voraussetzungen man ein Modell als ein »strukturales Modell« oder als eine »Struktur« bezeichnen kann. Er zählt vier Bedingungen auf (SA I 302). Zunächst muß die Struktur die Eigenschaften eines Systems aufweisen, das aus einer Reihe von Elementen besteht, von denen kein einziges eine Veränderung erfahren kann, ohne daß sich zugleich jedes andere Element verändert. Ferner muß jedes Modell zu einer Gruppe von Transformationen gehören, deren jede einem Modell derselben Familie entspricht, so daß das Ganze dieser Umwandlungen eine Gruppe von Modellen bildet. Des weiteren müssen die erwähnten Eigenschaften die Prognose erlauben, wie das Modell bei einer Veränderung eines seiner Elemente reagieren wird. Und schließlich muß das Modell so zusammengesetzt sein, daß es allen beobachteten Tatsachen Rechnung trägt.

Bei diesem Erstellen der strukturellen Modelle besteht eine Komplikation darin, daß Informanten sich des systematischen Charakters einer Reihe von Phänomenen bewußt sein können und für sich selbst ein Modell daraus entwickelt haben. Der Anthropologe hat es dann bei der Konstruktion seines Modells nicht nur mit den Rohphänomenen, sondern zusätzlich auch noch mit den durch den Informanten selbst fabrizierten, »hausgemachten Modellen« zu tun (SA I 305).

Bewußte Modelle bestehen als Normen im kollektiven Bewußtsein einer Gruppe von Menschen. Verschiedene dieser Modelle können gleichzeitig nebeneinander vorkommen. Diese bewußten Modelle sind im allgemeinen irritierende Modelle. Sie sind nicht gedacht, um Phänomene zu erklären, sondern um diese aufrechtzuerhalten. Diese bewußten hausgemachten Modelle bilden einen Schirm, hinter dem die eigentliche Realität verborgen bleibt. Das hat Konsequenzen: »Je genauer die erscheinende Struktur ist, desto schwieriger wird es, die tieferliegende Struktur, wegen der bewußten und deformierten Modelle, die sich wie Hindernisse zwischen den Beobachter und sein Objekt stellen, zu erfassen.« (SA I 304) Der Forscher kann diese Modelle jedoch aus zwei Gründen nicht ignorieren: Zum einen können diese Modelle sehr genau sein oder jedenfalls einen gewissen Einblick in die Struktur der Phänomene verschaffen. Jede Kultur hat ja ihre eigenen Theoretiker, deren Beiträge dieselbe Aufmerksamkeit verdienen wie die des Anthropologen. Zum andern gehören für den Fall, daß die Modelle entstellt und unstimmig sind, diese Entstellungen und Unstimmigkeiten zu den zu untersuchenden Phänomenen. Sie gehören vermutlich sogar zu den wichtigsten Daten. Lévi-Strauss zufolge sind die bewußten Modelle folglich die *via media*, mit deren Hilfe der Forscher das fundamentalere unbewußte Modell freilegt.

Die Reduktion der Erscheinung auf die eigentliche Realität impliziert, daß der Forscher nicht die Freiheit hat, sich für ein bestimmtes Modell zu entscheiden. Es wird ihm durch die Art des Materials auferlegt. Man kann die Analyse auch nicht a priori entwerfen: Die Methode der Analyse ist durch die Art des Materials determiniert (My I 16). So bemerkt Lévi-Strauss in Hinblick auf die Mythen, daß der Forscher nur als Zwischenperson fungiert; er ist der *locus*, den die Mythen durchlaufen.[20]

Der Strukturalismus steht hier im diametralen Gegensatz zu der starken nominalistischen Strömung im (Neo-)Positivismus, die davon ausgeht, daß genaue Modelle konstruiert werden müssen, um die sinnliche Realität – die Erscheinung – sichtbar zu machen. Extrinsisch vorgegebenen Daten wird Bedeutung beigemessen. Dem Strukturalismus dagegen geht es nicht um die *Übertragung* vorgegebener Daten in Symbole, sondern darum, Phänomene auf ihre wahre Natur als symbolische Systeme zurückzuführen.[21]

Lévi-Strauss will dem Bewußtsein durch eine Analyse der kollektiven Vorstellungen – der Ideen und Klassifizierungen, die die Mitglieder einer Gruppe teilen – ein anderes und wichtigeres Objekt erschließen als das Bewußtsein selbst, nämlich die unbewußte Denkstruktur: die Gesamtheit von Mechanismen und Konditionen, die das Funktionieren des Bewußtseins bestimmt.

Diese Gesamtheit ist also nicht nur eine Komponente kultureller Phänomene, sondern ihre Determinante. Über eine vergleichende Analyse diverser Institutionen und Darstellungen, also Kulturprodukte, hofft Lévi-Strauss, hinter die unbewußten Denkprinzipien zu kommen. Diese Denkprinzipien sind in den physisch-chemischen Konditionen des Hirns verwurzelt. Die Erschaffung der Kultur ist darum auch nur die Aktualisierung eines in der Natur bereits beschlossen liegenden potentiellen Systems. Eine genaue Analyse und ein Vergleich der Kulturprodukte ist dabei notwendig. Die bewußten Ideen spiegeln nämlich nicht ohne weiteres die unbewußt wirksamen Denkprinzipien wider. Jede dieser Ideen ist das Resultat eines Interaktionsprozesses zwischen der techno-ökonomischen Wirklichkeit und den unbewußten Kategorisierungsprinzipien des Denkens.

Verstehen und Erklären besteht also Lévi-Strauss zufolge darin, eine »scheinbare Realität« oder die Erscheinung über einen Dekodierungsprozeß auf seine verborgene Dimension zurückzuführen. In diesem Dekodierungsprozeß muß man davon ausgehen, daß zwischen dem Schein und der Wirklichkeit, zwischen dem Bewußten und dem Unbewußten ein, wie Lévi-Strauss es nennt, »dialektisches Verhältnis« besteht. Er führt nicht näher aus, was er damit meint. Vor allem anhand seiner Mythenanalyse gewinnt man allerdings den Eindruck, daß er damit lediglich sagen will, daß das Bewußte und die Empirie die »eigentliche Wirklichkeit« nicht abbilden, sondern deformieren. Diese Deformierung – und an bestimmten Punkten handelt es sich sogar um eine Umkehrung – hat die Funktion, die »eigentliche Wirklichkeit« zu verschleiern. Diese Position von Lévi-Strauss erinnert stark sowohl an den Freudschen Begriff der Verdrängung als auch an die Marxsche Auffassung von Ideologie oder falschem Bewußtsein.

Ausgehend von Lévi-Strauss' Konzeption der Wirklichkeit, demzufolge diese aus unterschiedlichen Ebenen besteht, können drei hierarchisch gestaffelte und miteinander verbundene Hauptbedeutungen seines Strukturbegriffs unterschieden werden. Zunächst verwendet er Struktur als Ordnung. Sodann hat Struktur auch die Bedeutung von Transformationssystem. Und schließlich bezieht sich der Strukturbegriff auf die Prinzipien des Denkens.

Ordnung verweist auf ein Grundmuster von Beziehungen zwischen Elementen in den soziokulturellen Institutionen. Die Grundmuster sind nicht unmittelbar empirisch gegeben, aber man kann diese aus der Empirie ableiten.[22] Ordnungen sind in ihrer Anzahl begrenzter, aber zugleich realer als die empirischen Formen, aus denen die Ordnung abgeleitet wird.

Die Ordnungen können sich unter Einfluß äußerer Faktoren voneinander unterscheiden. Sie können infolge wechselnder historischer Traditionen auch variieren. Eine Gruppe von Phänomenen kann man jedoch nur dann als eine Ordnung ansehen, wenn es sich um ein System mit einem inneren

Zusammenhang handelt: »Strukturiert ist nur das Arrangement, das zwei Bedingungen erfüllt: es ist ein System, in dem ein innerer Zusammenhang herrscht; und dieser Zusammenhang, der bei der Beobachtung eines isolierten Systems unzugänglich ist, offenbart sich in der Untersuchung der Transformationen, dank derer wir in scheinbar unterschiedlichen Systemen dieselben Eigenschaften wiederfinden. Wie Goethe schrieb: ›Alle Gestalten sind ähnlich, und keine gleichet der andern; / Und so deutet das Chor auf ein geheimes Gesetz.‹« (SA II 28; vgl. auch My IV 815)

Dieser interne Zusammenhang oder die »Systematik« des Systems ist nur zu entdecken, indem man untersucht, ob gleichartige Unterschiede und Parallelen zwischen Phänomenen bestehen, so daß man diese Phänomene als Transformationen voneinander betrachten darf. Man kann sowohl einen »interkulturellen« Vergleich von Systemen gleichartiger Phänomene (z. B. einen Vergleich von Verwandtschaftssystemen in Australien, China, Indien usw.) als auch einen »intrakulturellen« Vergleich von Systemen andersartiger Phänomene (z. B. einen Vergleich des Verwandtschaftssystems, der Mythologie, der Kunst etc. bei ein und derselben Gruppe) ziehen, um somit die *Ordnung der Ordnungen* festzustellen.

Wenn man soweit fortgeschritten ist, daß man soziokulturelle Phänomene als Varianten voneinander ansehen kann, dann hat man die Regel – die Syntax ihrer Transformationen – entdeckt. Diese Regel liegt ihrer Variabilität zugrunde. Die soziokulturellen Phänomene sind nur die partiellen und unvollständigen Äußerungsformen (Epiphänomene) dahinterstehender Denkprinzipien. Die vorgefundenen Ordnungen basieren auf einer begrenzten Anzahl von Elementen, die nur begrenzt miteinander kombiniert werden können. Es geht vor allem um die Kombinationsregeln, um die regulierenden Prinzipien. Indem man die Institutionen vergleicht, kann man ein vollständigeres Bild über die möglichen Beziehungen zwischen den Elementen gewinnen, aufgrund dessen man hinter diese regulierenden Prinzipien kommen kann. Um diese Grammatik aufzustellen, braucht man nicht erst die Gesamtheit gleichartiger Phänomene zu sammeln. So wie man die Grammatik einer Sprache anhand einer begrenzten Zahl von Sätzen entdecken kann, so kann man die »verborgene Grammatik« anderer semiotischer Systeme mit Hilfe einiger weniger Phänomene ermitteln (My I 20). Lévi-Strauss verwendet den Begriff Struktur also auch für ein Transformationssystem: für eine Gesamtheit von Elementen zuzüglich der Regeln, nach denen diese Elemente kombiniert werden. In diesem Zusammenhang kann man auch von einem Code sprechen, der die Daten verständlich macht.[23] Struktur ist die latente Rationalität des Objekts der Forschung.

Lévi-Strauss geht davon aus, daß die Anzahl der Strukturen auf grammatikalischer Ebene begrenzt ist – es gibt nur eine begrenzte Anzahl regulierender Prinzipien –, nicht aber auf der Ebene des Sprechens, des *Diskurses*. Ebenso wie man in einer Sprache immer neue Sätze nach denselben grammatikalischen Regeln formulieren kann, kann man in anderen semiotischen Systemen mit Hilfe derselben Regeln neue Ordnungen schaffen. Neue, noch uncodierte Information, die der Mensch über die Sinnesorgane aufnimmt, wird unbewußt mit bereits gespeicherter und codierter Information verglichen. Diese neue Information wird unmittelbar codiert, gleichsam in bestimmte Formen gekleidet. Beobachten ist also zugleich Strukturieren. Es ist ein Kategorisierungsprozeß, bei dem die Vergangenheit (die bestehende Codierung) die Gegenwart (die neue, uncodierte Information) beeinflußt. Die grammatikalischen Regeln, nach denen das Gehirn funktioniert, dirigieren diese Beziehung zwischen Gegenwart und Vergangenheit. Struktur impliziert mit anderen Worten Strukturieren. Diese ständige Dualität, nämlich stets und gleichzeitig strukturierend und strukturiert zu sein, erklärt Piaget zufolge den Erfolg des Strukturbegriffs.[24] Vielleicht unter seinem Einfluß sowie durch das Aufkommen der generativen Grammatik, wie sie von Noam Chomsky entwickelt wurde, legt Lévi-Strauss in seinen späteren Publikationen mehr Nachdruck auf das Strukturieren. Er sieht Strukturieren als »generative Matrizen«, die durch aufeinanderfolgende Verformungen ständig neue Ordnungen hervorbringen. Diese gehören zu ein und demselben Typus, da sie nach denselben fundamentalen Regeln generiert werden.

Aus dem Vergleich unterschiedlicher Ordnungen ergibt sich, daß man nur einer begrenzten Anzahl Transformationen begegnet. Die Transformationen gehen hervor aus der neurophysiologischen Struktur des Gehirns. Diese ist ein integraler Bestandteil der physisch-chemischen Bedingungen des menschlichen Lebens selbst (WD 284), das seinerseits wiederum denselben Gesetzen unterworfen ist wie andere Lebensformen (My IV 811).

Denkprinzipien, die Lévi-Strauss zufolge vor allem in den Vordergrund treten, sind die Bipolarität und die Reziprozität, die miteinander verbunden sind. Diese beiden sorgen für das Schema von Opposition und Korrelation, das in jeder Ordnung wiederzufinden ist. Reziprozität kommt sowohl auf der bewußten wie auf der unbewußten Ebene zum Tragen. Die Opposition zwischen *ego* und *alter* ist eine erste Folge der Reziprozitäts- (und Bipolaritäts-)struktur im menschlichen Geist (ES 148 ff.). Zur Untermauerung verweist Lévi-Strauss auf Piaget und Susan Isaacs. Alle Kinder entdecken Isaacs zufolge als Antwort auf ihren dringenden Wunsch, etwas zu besitzen – und zwar unter Ausschluß aller anderen, die konfliktive Ansprüche haben –, daß Gleichheit der kleinste gemeinsame Nenner all dieser einander widersprechenden Wünsche und Ängste ist. Diese psychologische Evolution ist möglich, weil der Wunsch nach Besitz nicht instinktiv ist. Das Verlangen nach Besitz ist primär eine soziale Reaktion, die auf einem einzigen Bedürfnis basiert, nämlich dem Bedürfnis nach Sicherheit. Die Bereitschaft, zu teilen oder seinerseits zu warten, ist eine Funktion des »wachsenden Gefühls der Gegenseitigkeit« (ES 151). Dieses immer stärker werdende Gefühl von Reziprozität ergibt sich in erster Instanz aus Erfahrungen im sozialen Umgang. In letzter Instanz ist dieses Resultat jedoch nur möglich, weil Reziprozität als Denkprinzip im menschlichen Geist verwurzelt ist und dadurch die Erfahrungen des sozialen Umgangs steuert. So ist die allgemeinste Grundlage für Freundschaften zwischen Kindern der »Geschenketausch«. Der Erhalt von Geschenken bedeutet, daß man beliebt ist, während das Verteilen von Geschenken auf Unabhängigkeit und Macht hindeutet. Im Kind wächst damit das Bewußtsein, daß es sein Bedürfnis nach Sicherheit am besten durch Gegenseitigkeit verwirklichen kann. Daraus ergibt sich auch, daß die Zugehörigkeit zu der Gruppe ein Wert ist. Das soll übrigens nicht heißen, daß es keine Rivalität untereinander gibt. Das Kind wird ständig zwischen Freundschaft und Feindschaft hin und her gerissen (ES 152).

Die Reziprozität wurzelt in der Neigung des Menschen, in binären Oppositionen zu denken, in dem Erkennen, daß Ähnlichkeit *und* Verschiedenheit nebeneinander existieren. Jedes Oppositionspaar ist dabei zugleich eine Einheit in Bezug auf eine andere Opposition, z. B. Mann-Frau als Einheit »Mensch« in Bezug auf »Nicht-Mensch«. Anders ausgedrückt: Nur die Einführung eines dritten Terminus kann zu einer neuen binären Opposition führen. Dieser dritte Terminus kann die ursprüngliche binäre Opposition einschließen, was zu einer neuen binären Opposition führt, die abstrakter und allgemeiner ist. Der dritte Terminus kann auch ein Mittler sein und darum eine konkretere, spezifischere neue binäre Opposition ins Leben rufen. Für sich betrachtet, wird das Denken durch eine Wechselwirkung zwischen unterschiedlichen Oppositionen und Oppositionsebenen charakterisiert. Jede Opposition ist sowohl die Abgrenzung von als auch der Übergang zu einem neuen Gegensatzpaar. Diese Gegensätze bewegen sich vom Allgemeinen zum Besonderen, vom Abstrakten zum Konkreten, und umgekehrt. Man konzipiert das Universum als ein Kontinuum aufeinanderfolgender, diskontinuierlicher Oppositionen.

Ein Beispiel für diese Kontinuität ist in dem Schema zu

finden, das der Liturgie der Jahreszeitenriten bei den Pawnee-Indianern zugrundeliegt. Die Pawnee verwenden für jeden der vier Pfosten der Hütte, in der die Zelebrierung der Riten stattfindet, eine andere Holzart; bestimmend für die Auswahl ist die Himmelsrichtung, in der ein Pfosten aufgestellt wird. Diese Pfosten bemalen sie mit verschiedenen Farben, die mit den Himmelsrichtungen korrespondieren. Diese symbolisieren die Jahreszeiten und bilden zusammen das Jahr (WD 165).

R	Pappel	... weiß	... Südwest	Süd ... Sommer		Z
A	Negundo	... rot	... Südost			E
U					Jahr	I
M	Ulme	... schwarz	... Nordost	Nord ... Winter		T
	Weide	... gelb	... Nordwest			

Die konkreten Klassifikatoren (z. B. Tiere und Pflanzen) sind in diesem Verallgemeinerungs- und Spezifizierungsprozeß mit abstrakten Klassifikatoren (z. B. Zahlen und Himmelsrichtungen) vertauschbar. Man kann dabei zwischen den entferntesten Gebieten direkte Verbindungen herstellen (WD 172). Ein einfacher Gegensatz zerfällt so in zwei Richtungen: in eine abstrakte und in eine konkrete Richtung (WD 172). Eine Mitteilung kann man darum auch mit verschiedenen syntaktischen Methoden übertragen: Benennungen, Verhaltensweisen, Verboten usw., die man einzeln oder in Kombination verwenden kann. Man kann eine Mitteilung auch in unterschiedlichen lexikalischen Elementen codieren, z. B. als Opposition kosmischer Elemente (Himmel-Erde), als Opposition von Kategorien (hoch-tief) oder als Opposition von Arten (Adler-Bär). Die unterschiedlichen Klassifizierungen bilden ein Gesamtsystem, das Anthropologen vergeblich zu zerstückeln versucht haben, »um daraus deutlich unterschiedene Institutionen zu verfertigen, von denen der Totemismus die berühmteste bleibt« (WD 252).

Um ein Bild von der Komplexität zu vermitteln, skizziert

Lévi-Strauss ein Diagramm eines hypothetischen Klassifika-
tionssystems, das nur einen Ausschnitt aus einer Gesamtklas-
sifizierung umfaßt. In diesem Beispiel beginnt Lévi-Strauss
auf der Ebene der Art, wobei er sich auf drei Arten und drei
Körperteile beschränkt. (WD 178)

»Man sieht, daß die Art zunächst empirische Verwirkli-
chungen zuläßt: Art Robbe, Art Bär, Art Adler; jede umfaßt
eine Reihe von Individuen (die im Diagramm gleichfalls auf 3
beschränkt sind): Robben, Bären, Adler. Jedes Tier ist in
Teile zerlegbar: Kopf, Hals, Pfoten usw., die zunächst innerhalb jeder Art wieder umgruppiert werden können (Köpfe
der Robben, Hälse der Robben, Pfoten der Robben), dann
zusammen nach Typen der Teile; alle Köpfe, alle Hälse ...
Eine letzte Gruppierung stellt das Modell des Individuums
in seiner zurückgewonnenen Integrität wieder her.« (WD
177 ff.)

Nur indem man Dyadismus und Triadismus als *ein* Ganzes
versteht, kann man die unterschiedlichen »Detotalisierungs«-
und »Retotalisierungs«-prozesse in Klassifizierungen erklären. Diese Tendenz, die sich in Alternierung, Dualität, Opposition und Symmetrie äußert, kann man nicht auf einen
anderen Faktor zurückführen. Man muß sie als Ausgangspunkt eines jeglichen Erklärungsversuchs sehen.[25] 1971
bringt Lévi-Strauss diese Position noch einmal sehr energisch
zum Ausdruck. In *Der nackte Mensch* schreibt er, daß die
Differenzierung von Phänomenen anhand binärer Oppositionen nicht nur die Grundlage des menschlichen Denkens
bildet. Sie ist universell in der Pflanzen-, Tier- und Men-
schenwelt, weil es sich um eine Grundkomponente eines
jeden Kommunikationsprozesses handelt (My IV 811).

Zusammenfassend kann man sagen, daß nach Lévi-Strauss
den soziokulturellen Institutionen bestimmte Ordnungen –
Beziehungen zwischen Determinanten und Variablen – zugrundeliegen. Die empirische Vielfalt kann man auf eine
begrenzte Anzahl solcher Ordnungen zurückführen. Diese
Ordnungen sind ihrerseits wiederum Ausdruck einer noch

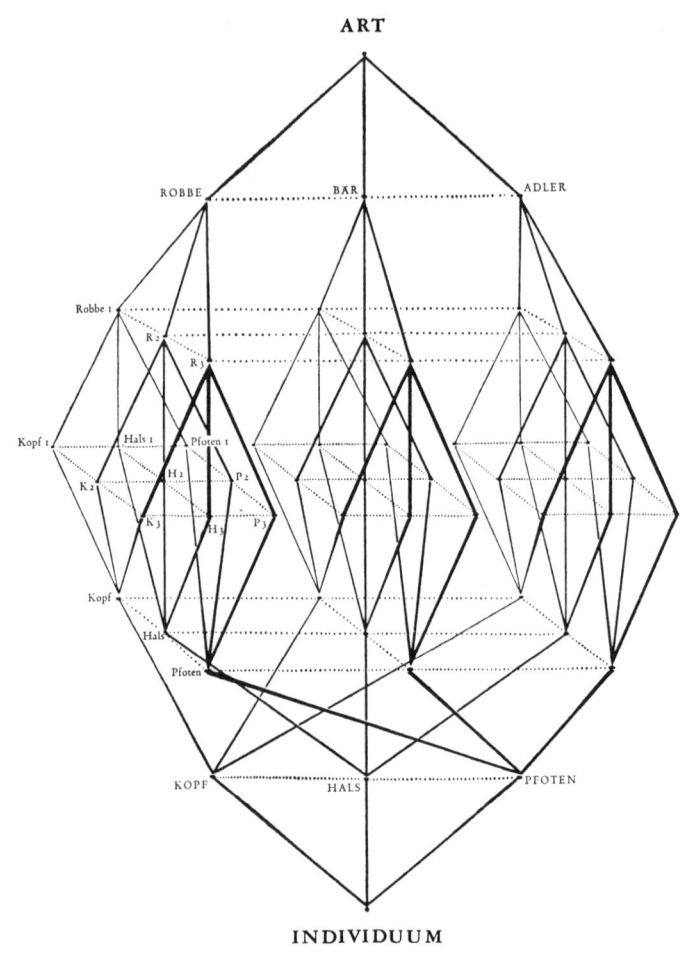

ART

ROBBE   BÄR   ADLER

Robbe 1

R 2

R 3

Kopf 1   Hals 1   Pfoten 1

K 2   H 2   P 2

K 3   H 3   P 3

Kopf

Hals

Pfoten

KOPF   HALS   PFOTEN

INDIVIDUUM

Abbildung 1
Der totemistische Operator

kleineren Anzahl von »Denkprinzipien« oder »Denkstrukturen«, die eine endliche Menge von Kombinationsmöglichkeiten haben. Die Kombinationsprinzipien, die Lévi-Strauss manchmal auch Strukturen nennt, können durch die Transformationsmethode entdeckt werden. Das Denken des Menschen kann man also auf dem Wege einer vergleichenden Analyse des »Gedachten« erkunden, so wie dieses in Klassifikationssystemen, Verwandtschaftssystemen, Kunstformen, Mythen und so weiter vorzufinden ist. Ausgehend von diesen Äußerungsformen des Denkens arbeitet sich der Forscher an die verborgenen Denkstrukturen heran. Dies ist möglich, weil die soziokulturellen Phänomene, einschließlich der Sprache, die Projektion universeller Gesetze, die die unbewußte Tätigkeit des Geistes regulieren, auf die Ebene des bewußten und sozialisierten Denkens bilden. Indem man eine Analyse der Charakteristika etwa von Klassifikationssystemen erstellt und untersucht, wie der Mensch die daraus resultierenden Kategorien verwendet, versetzt man sich in die Lage, fundamentale Fakten über den Denkmechanismus zu entdecken.

Wie bereits dargelegt, funktionieren die Denkprinzipien auf unbewußter Ebene. Was ist nun dieses Unbewußte, das bei Lévi-Strauss eine so große Rolle spielt? Das Unbewußte verweist nicht auf einen emotionalen Inhalt oder eine emotionale Energie wie bei Freud, sondern auf die Art und Weise, wie der menschliche Verstand oder das Gehirn funktioniert. Das Unbewußte bei Lévi-Strauss ist identisch mit Denkstruktur, wodurch dieser Begriff Parallelen mit C. G. Jungs Unbewußtem aufweist, obwohl er begrifflich wesentlich besser durchdacht ist als bei Jung. Bei Freud dagegen verweist das Unbewußte auf »Triebe«. Das Unbewußte ist ein *steamboiler of basic energies*.[26] Das Material besteht aus Gefühlen, Ideen und Entwürfen, die mit nicht befriedigten Impulsen oder Bedürfnissen einhergehen. Das Unbewußte bei Freud stimmt in einem wesentlichen Teil mit Lévi-Strauss' Unterbewußtem überein. Letzteres beinhaltet Impulse, Emotionen,

Bilder, Vorstellungen, Erinnerungen etc. (SA I 223). Es bildet gleichsam das Lexikon eines Individuums. Das Unterbewußte bekommt jedoch erst durch das Funktionieren des Unbewußten Bedeutung. Die Einwirkung des Unbewußten transformiert das Unterbewußte in eine Sprache, mit deren Hilfe man kommunizieren kann. Das Unbewußte ist nichts anderes als eine Aktivität, die bei allen Menschen denselben Gesetzen gehorcht. Das Unbewußte hat keinen Inhalt, es ist »immer leer; genauer gesagt, es ist den Bildern ebenso fremd wie der Magen den Nahrungsmitteln, die durch ihn hindurchgehen. Als Organ einer spezifischen Funktion beschränkt es sich darauf, unartikulierten Elementen, die von außen kommen – wie Antrieben, Emotionen, Vorstellungen, Erinnerungen – Strukturgesetze aufzuerlegen, die seine Realität erschöpfen«. (SA I 223f.) Dieses Unbewußte zwingt Inhalten also Formen auf, Formen, die von ihrer Anzahl her begrenzt sind. Sie spiegeln die universelle Wirkungsweise des Unbewußten wider.

Im Rahmen dieses Vergleichs zwischen Freud und Lévi-Strauss ist auch der Unterschied interessant, den letzterer zwischen »Bedürfnissen« einerseits und »Strukturen« anderseits macht (SA I 222). Diesen Unterschied assoziiert Lévi-Strauss mit einer Hierarchie von Lebensniveaus. Er spricht von drei Ebenen: von organischen Prozessen, unbewußtem Geist und rationalem Denken. »Bedürfnisse« verweisen auf organische Prozesse, während sich »Strukturen« auf den unbewußten Geist beziehen. In der Art und Weise, wie »Bedürfnisse« befriedigt werden, muß die Aktivität der »Struktur« zum Ausdruck kommen und erkennbar sein. Anders ausgedrückt: In letzter Instanz muß in der Bedürfnisbefriedigung die Aktivität des Unbewußten aufzuspüren sein.

Der Unterschied in der Art des Unbewußten bei Freud und Lévi-Strauss illustriert die andersartige Betrachtungsweise des Menschen. Nach Freud muß man die Erklärung für menschliches Handeln in den »Trieben« und »Instinkten« des

Menschen suchen. Lévi-Strauss sieht dagegen im Gefühlsleben des Menschen dessen dunkelsten und unverständlichsten Teil. Er hält das Gefühlsleben des Menschen als erklärenden Faktor für die Sozialwissenschaften für ungeeignet: »In Wahrheit erklären die Pulsionen und Emotionen nichts; immer *ergeben sie sich:* entweder aus der Kraft des Körpers oder aus der Ohnmacht des Geistes. Sie sind in beiden Fällen Folgeerscheinungen, sie sind niemals Ursachen.« (ET 94)

Die Auffassung, daß das Unbewußte dem Inhalt die Form aufzwingt, kann dazu verleiten, den Strukturalismus als Formalismus zu bezeichnen. Hier ist Vorsicht geboten: Lévi-Strauss verwirft eine solche Charakterisierung. Er hält es für unrichtig, Form und Inhalt zu trennen. Die Struktur hat keinen eigenen Inhalt, sie ist der Inhalt selbst, *»erfaßt in einer logischen Organisation, die als eine Eigenschaft des Realen gilt«* (SA II 135). Bei der Struktur – im Sinne von Ordnung – sind Form und Inhalt komplementär. Nur die Verbindung von Form und Inhalt ermöglicht es, die Logik des Sinnlichen darzustellen. Form und Inhalt bilden zusammen eine Struktur: eine sowohl sinnliche als auch rationale Einheit. In absolutem Sinne besteht weder Form und Inhalt. Jede Form ist ein Inhalt für die Formen, die ihn einschließen, und jeder Inhalt ist eine Form für die Inhalte, die sie enthält.[27]

Aus dieser These ergibt sich, daß Lévi-Strauss sich theoretisch Klassifizierungen a priori heftig widersetzt. Ihm zufolge sind Klassifizierungen das Ergebnis mentalen Zwangs *und* externer Beschränkungen techno-ökonomischer, ökologischer und sozialer Art. Klassifizierungen und Klassifizierungsprinzipien kann man darum auch nur a posteriori mit Hilfe detaillierter ethnographischer Forschung erkennen (WD 74). Von Anfang an hat Lévi-Strauss Nachdruck auf die Einheit von Sinnlichem und Intellektuellem gelegt. Er strebt einen Superrationalismus an, bei dem das Sinnliche sich in das Rationale integriert (TT 51). »Das strukturalistische Bestreben, zwischen dem Sinnlichen und dem Intellektuellen Brücken zu schlagen, sein Widerwille gegenüber jeder Erklä-

rung, die einen Aspekt zugunsten des anderen preisgibt ...«
(My IV 813)

Durch den Versuch, eine Brücke zwischen Rationalismus und Empirismus zu schlagen, ist *Ordnung* das zentrale Problem des Strukturalismus geworden. Lévi-Strauss will die Beschränkungen und Formen feststellen, die der menschliche Geist der Erfahrung auferlegt und die der sinnlichen Erfahrung Gestalt geben. Diese Beschränkungen und Formen sind die Folge einer in die Vernunft eingebauten »Apparatur von Gegensätzen«, die bei empirischen Erfahrungen in Kraft tritt, »aus jeder konkreten Situation ... unermüdlich Sinn (extrahiert) und ... zu einem Gegenstand des Denkens (macht), indem sie sie nach den Imperativen einer formalen Organisation auslegt« (My IV 705). In diesem Sinne hält Lévi-Strauss sich für einen Kantianer: »Philosophisch betrachte ich mich mehr und mehr als einen Kantianer, nicht so sehr infolge des spezifischen Inhalts der Kantschen Lehre als vielmehr infolge der spezifischen Art und Weise, in der er das Erkenntnisproblem aufwirft.«[28] Er charakterisiert seine Erkenntnistheorie als »Kantianismus ohne transzendentales Subjekt«[29], und zwar in der Nachfolge von Paul Ricoeur (1963), der das allerdings als Vorwurf meinte. Der Verzicht auf das »transzendentale Subjekt« ist auf philosophischer Ebene das unvermeidliche Ergebnis des ethnographischen Ansatzes: das Studium kollektiver Denkformen.[30] Wenn Lévi-Strauss jene Betrachtungsweise ablehnt, in der Form und Inhalt getrennte Entitäten sind, so hängt dies damit zusammen, daß er den Dualismus von Descartes verwirft: die Opposition zwischen Geist und Materie. Lévi-Strauss zufolge ist derselbe strukturierende Code bzw. dasselbe System von Prinzipien im Geist, in der sozialen und in der physischen Realität wirksam. Es besteht eine funktionale Einheit zwischen Körper und Geist, Natur and Kultur, Sinnesorganen und Vernunft. Die Gesetze des Denkens sind dieselben wie jene, die in der physischen und sozialen Realität zur Geltung kommen. Es existiert eine Homologie zwischen dem Denken und seinem

Objekt (ET 118). Im »Finale« von *Der nackte Mensch* (1971) hat Lévi-Strauss diese Auffassung nochmals bekräftigt: »Anders als eine Philosophie, welche die Dialektik in die menschliche Geschichte verbannt und ihr einen Aufenthalt in der natürlichen Ordnung verbietet, räumt der Strukturalismus bereitwillig ein, daß die Ideen, die er in physiologischen Termini formuliert, nichts anderes sein können als tastende Annäherungen an organische oder sogar physikalische Wahrheiten.« (My IV 811)

Es geht nicht nur um eine notwendige Integration von Form und Inhalt, sondern auch um eine Integration dieser Methode und der Realität. Die effektivste Aussage ist nach Lévi-Strauss diejenige, die der Wahrheit am nächsten kommt (SA I 104). Der Grund für die Notwendigkeit zur Integration liegt in der postulierten Übereinstimmung zwischen Gesetzen des Universums und des menschlichen Geistes: Materie und Geist, Form und Inhalt sind alle Produkte ein und derselben Natur. Lévi-Strauss glaubt folglich an eine Isomorphie von mentalen, sozialen und Naturgesetzen, ein Glaube, den er nur aufrechterhalten kann, indem er die menschliche Subjektivität nach Kräften leugnet oder negiert.

Der Glaube an die strukturierende Aktivität des menschlichen Geistes und an die Strukturiertheit der Wirklichkeit, zu der dieser menschliche Geist gehört, führt Lévi-Strauss zu der Annahme, daß Phänomene sich als Strukturen präsentieren. Diese Auffassung führt dazu, daß er sich von einer atomistischen oder »aristotelischen« Wissenschaftskonzeption abgrenzt, in der die Wirklichkeit als ein Aggregat separater Einheiten angesehen und den Beziehungen der Phänomene untereinander zu wenig Beachtung geschenkt wird.
Lévi-Strauss geht von einer »Gestalt-Perspektive« oder »galileischen« Sichtweise aus (SA I 327), um zu erläutern, warum soziokulturelle Erscheinungen den Charakter »sinnvoller Ganzheiten«, »strukturierter *ensembles*« aufweisen.[31] Ausgehend von dieser galileischen Perspektive behauptet Lévi-Strauss: »Weder in der Ethnologie noch in der Linguistik

begründet infolgedessen der Vergleich die Verallgemeinerung, sondern umgekehrt.« (SA I 35) Diese Auffassung führt unmittelbar zu einem deduktiven Ansatz. Der Forscher vergleicht nur dann Phänomene miteinander, wenn er die Vermutung hat, daß diese Phänomene zusammenhängen. Präkonzeptionen über die Art der zu untersuchenden Phänomene sind bestimmend für die Arbeitsweise, der man nachgeht.

Zwei miteinander verbundene Prinzipien spielen in dieser Gestaltperspektive eine wichtige Rolle: (1) Die Totalität hat Priorität vor den Teilen: »Die Einheit des Ganzen ist noch viel realer als jedes der Teile.«[32] (2) Die Art des Erklärens muß relational und integrativ sein.

Von der Gestaltpsychologie hat Lévi-Strauss gelernt, daß man ein paar zusammenliegende Punkte nicht als eine lose Anhäufung, sondern als ein geordnetes Ganzes, als eine Figur perzipiert. Diese organisierte Totalität ist vorgegeben. Die Relationen zwischen den Komponenten des Stimulus bestimmen das Gesamtbild. Es sind nicht so sehr die absoluten Eigenschaften der Komponenten selbst als vielmehr ihre Stellung in Bezug auf- und ihre Verbindungen untereinander, die die Figur bestimmen. Diesen Relationen liegt ein im menschlichen Geist verwurzeltes Regelsystem zugrunde. Kenntnisse über dieses Regelsystem – eine Art Steuermechanismus – sind der Schlüssel zum Verständnis für die Eigenarten der Perzeption. Neben der Gestaltpsychologie war es vor allem die strukturalistische Linguistik, die Lévi-Strauss zu der Überzeugung gebracht hat, daß die Relationen zwischen den Elementen bestimmend sind. Diese Auffassung hat er zu einem methodologischen Leitfaden ersten Ranges erklärt. Die Beziehungen sind das einzige Analyse-Objekt für die Wissenschaft. Phänomene muß man von ihren Interrelationen her erklären. Die Relationen, die die Phänomene verbinden, bilden das Grundlagenmaterial, nicht die Phänomene selbst.

Das methodologische Prinzip, daß die Relationen wichtiger sind als die Elemente, führt zur besonderen Betonung der Synchronie. Trotz der Tatsache, daß Lévi-Strauss unter dem Einfluß von Jakobson die Opposition zwischen Diachronie und Synchronie im wesentlichen für illusorisch und nur in der Anfangsphase der Untersuchung für brauchbar hält, geht er dennoch von der Überlegenheit der synchronischen gegenüber der diachronischen Analyse aus. Lévi-Strauss zufolge bestimmen die in einem bestimmten Augenblick bestehenden Relationen die Bedeutung eines Elements. Er stützt sich dabei auf de Saussures These, daß »Fakten in der synchronischen Ordnung Zusammenhänge und Fakten in der diachronischen Ordnung isolierte Ereignisse sind«[33]. In der diachronischen Analyse wird der Übergang von dem einen Zustand des Systems in den anderen untersucht. Eine derartige Analyse bedeutet lediglich den Vergleich aufeinanderfolgender Zustände des Systems. Aus all dem folgt, daß Lévi-Strauss die Relation zwischen Struktur – im Sinne von Ordnung – und Ereignis als asymmetrisch betrachtet. Veränderung – das Geschehen, die Geschichte – ist der Struktur untergeordnet.

Methodologisch und ontologisch ist die historische Realität sekundär in Bezug auf die strukturelle Realität.[34] Diachronie ist von der Synchronie abhängig: »Es ist ausgeschlossen, über einen Gegenstand zu diskutieren, die Geschichte zu rekonstruieren, die zu seiner Entstehung geführt hat, ohne vorher zu wissen, *was er ist;* anders gesagt, ohne das Inventar seiner inneren Determination ausgeschöpft zu haben.« (SA II 14) Die historische Realität ist vor allem wichtig, insofern »Eventualitäten« es ermöglichen, »die den vielfältigen Formulierungen zugrundeliegende Struktur freizulegen, die sich durch eine Folge von Ereignissen hinzieht« (SA I 36).

Eine Struktur oder Ordnung kann sich unter dem Einfluß von Ereignissen ändern. Diese Ereignisse sind jedoch ihrerseits durch die bestehende Struktur geprägt. Die Ereignisse sind nicht willkürlich. Struktur als vorausgehende Realität mißt Ereignissen auf bestimmte Art und Weise Bedeutung bei. Diese werden dadurch in die Struktur, die Ordnung integriert. Veränderungen in der Ordnung gehen aus externen Faktoren wie Raubzügen, Kriegen, Völkerwanderungen, demographischen Fluktuationen und Anpassung an eine neue Umgebung hervor.

Ein gutes Beispiel für den prägenden Einfluß der bestehenden Struktur auf Veränderungen bietet die Clan-Einteilung bei den Osage (WD 84 ff.). Die Osage-Indianer waren in zwei Gruppen von sieben Clans unterteilt. Die eine Gruppe, die zur linken Seite gehörte, galt als friedliebend und vegetarisch; die andere Gruppe, die zur rechten Seite gehörte, als kriegerisch und fleischessend. Später kam eine dritte Gruppe von ebenfalls sieben Clans dazu, die kriegerisch war. Das System war nun nicht mehr im Gleichgewicht, weil vierzehn Clans auf die Seite des Kriegs und nur sieben Clans auf die Seite des Friedens gehörten. Um das Gleichgewicht wiederherzustellen, reduzierten die Osage die Clans der einen Kriegsgruppe auf fünf und die der anderen auf zwei. Diese Neuorganisation ist faktisch also eine Integration von Struktur und Ereignis. Die erreichte Gleichgewichtssituation stimmt allerdings nicht mit der vorhergehenden überein. Die eine Gruppe, die sich aus den sieben friedliebenden Clans zusammensetzt, bildet *ein* Ganzes und wird als »Himmel« bezeichnet; die andere Gruppe, die aus sieben kriegerischen Clans besteht, wird zwar als »Erde« bezeichnet, setzt sich aber aus zwei Teilen zusammen, deren einen Teil die Osage mit festen Boden und deren anderen Teil sie mit Wasser assoziieren.

Kurzum, Lévi-Strauss begründet so, daß man die bestehende Struktur nicht aus historischen Ereignissen, sondern primär aus einer vorhergehenden Struktur erklären kann. Es dürfte klar sein, daß sich Lévi-Strauss damit unverhohlen gegen den Marxismus wendet. Für Marxisten – aber nicht nur für sie – bedeutet Geschichte Fortschritt. Der Mensch entfaltet sich mit der Zeit und erblüht in diesem Prozeß zu voller Größe. Historische Kenntnisse sind für den marxistisch orientierten Forscher deshalb auch eine übergeordnete Form des Wissens. Diese übergeordnete Form des Wissens fehlt diesen Forschern zufolge in primitiven Gesellschaften, da diese ahistorisch sind. Insoweit dieses Wissen dort trotzdem vorhanden ist, wurde es vom westlichen Menschen eingeführt, der mit historischem Bewußtsein ausgerüstet ist.

Gegen diesen Ausdruck eines Überlegenheitsgefühls hat Lévi-Strauss vehement Stellung bezogen. In seiner Reaktion auf Sartres *Kritik der dialektischen Vernunft* (1960) spricht Lévi-Strauss sogar von intellektuellem Kannibalismus: »Indem die historische Vernunft diese (Papuas) auf Mittel reduziert, die gerade gut genug sind, ihren philosophischen Appetit zu stillen, huldigt sie einer Art intellektuellen Kannibalismus, der in den Augen des Ethnographen weit empörender ist als der eigentliche.« (WD 297) Nach Lévi-Strauss läuft Sartres Reifikation des historischen Bewußtseins auf die falsche Lehre hinaus, daß der Mensch seine Zuflucht in einer einzigen historischen und geographischen Daseinsweise gesucht hat, »während die Wahrheit des Menschen doch in dem System ihrer Unterschiede und ihrer gemeinsamen Eigenschaften liege« (WD 286). Lévi-Strauss zufolge läßt die Zeit keinen kontinuierlichen Entwicklungsprozeß sehen. Die Zeit ist nur der Raum, in dem die Strukturen des Denkens ihre Permutationen und Kombinationen entfalten. Die Geschichtskenntnisse sind außerdem ein Teil der Gegenwart und nicht der Vergangenheit: Alle Erfahrungen, die gesammelt wurden, gehören zur gegenwärtigen Zeit. Sie gehören zur Mythologie einer Gesellschaft, und warum – so fragt sich Lévi-Strauss – sollte die Mythologie des modernen westlichen Menschen eine wertvollere Quelle der Erkenntnis sein als die Mythologie des primitiven Menschen. Das historische Faktum ist ebenso wie eine mythologische Gegebenheit beliebig. Auch das historische Faktum wird entweder vom Historiker oder vom Geschichtsphilosophen oder vom *Agens* des historischen Prozesses konstruiert. Jedes Ereignis ist aus anderen Elementen und Aktivitäten aufgebaut: »Jede Episode einer Revolution oder eines Krieges löst sich in eine Vielzahl psychischer und individueller Bewegungen auf; jede dieser

Bewegungen bringt unbewußte Entwicklungen zum Ausdruck, und diese wiederum lösen sich in Erscheinungen der Gehirn-, Hormon- oder Nerventätigkeit auf, die selbst wieder physischer oder chemischer Natur sind.« (WD 296)

Dabei findet immer eine Selektion statt. Eine reale Geschichte wäre Chaos. Sie ist parteiisch und infolgedessen stets partiell (WD 297). Der beliebige Charakter der Geschichtsschreibung erweist sich schließlich nicht nur in der Art und in der Selektion der »historischen Tatsachen«, sondern auch in bestimmten Charakteristika der Codierung. Historische Kenntnisse werden in eine chronologische Anordnung gebracht. Jeder Zeitpunkt ist ein Element aus einer Klasse und irrational in Bezug auf Elemente aus anderen Klassen (WD 298f.).

Den historischen Entwicklungsprozeß kann man also keineswegs als einen kontinuierlichen Prozeß sehen. Es ist darum auch nicht richtig, den historischen Kenntnissen – und dem Bewußtsein davon – eine besondere Stellung zuzuerkennen und aufgrund dessen eine Hierarchie zwischen historisch-bewußten und historisch-unbewußten Gesellschaften zu konstruieren.

In diesem Rahmen sind auch die Arten von Zeit bedeutsam, die Lévi-Strauss unterscheidet. Er stellt eine Verbindung zwischen Zeitart und Gesellschaftstypus her. Obwohl Lévi-Strauss mehrere unterschiedliche Zeitarten aufzählt (zirkulär, progressiv, leer, kumulativ, mikro, makro, umkehrbar, nicht-umkehrbar), ist der weitaus wichtigste Unterschied der zwischen umkehrbarer bzw. zyklischer Zeit und nicht-umkehrbarer Zeit. Zur Illustration verweist Lévi-Strauss auf den Unterschied zwischen der klassischen Newtonschen Mechanik und der Thermodynamik. In der klassischen Mechanik kann man die Bewegungsrichtung der Planeten sozusagen umkehren, ohne daß sich dadurch eines der Bewegungsgesetze verändert. Hier liegt umkehrbare Zeit vor. Das zweite Gesetz der Thermodynamik liefert ein ausgezeichnetes Beispiel für nicht-umkehrbare Zeit: Entropie nimmt mit der Zeit stets zu. In der primitiven Gesellschaft ist der Grad an Entropie äußerst gering und in der komplexen Gesellschaft groß. Primitive Gesellschaften funktionieren am absoluten Nullpunkt. Es sind »kalte« Gesellschaften im Gegensatz zu komplexen Gesellschaften, die »warm« sind. In primitiven Gesellschaften sind sehr viele Prozesse mechanischer Art vorhanden. Diese Erscheinungen arbeiten mit extremer Regelmäßigkeit; alles läuft nach einem festen Muster ab. Die Prozesse sind dabei zyklisch. Primitive Gesellschaften scheinen keine Geschichte zu haben, oder besser gesagt: sie wollen davon nicht durchdrungen werden. Der Ablauf von Ereignissen und das Eintreten von Veränderungen in der Zeit werden negiert oder ferngehalten. Es geht um umkehrbare Zeit. Komplexe Gesellschaften dagegen haben die »Geschichte« internalisiert und sie zur »treibenden Kraft« ihrer Entwicklung gemacht. Komplexe Gesellschaften funktionieren bei einer höheren Temperatur; die Zeit ist dabei nichtumkehrbar.[35]

Lévi-Strauss nimmt also an, daß, obwohl jede Gesellschaft eine Geschichte hat, sie sehr unterschiedlich auf diese Tatsache reagiert. Im westlichen Geschichtsverständnis ist Geschichte ein sich in eine Richtung entwickelnder, in starkem Maße kumulativer Prozeß. Der historische Prozeß wird internalisiert und zum Motor der Entwicklung gemacht. Die primitive Geschichtskonzeption dagegen sieht Geschichte als eine stationäre, weniger kumulative und nicht in stets die gleiche Hauptrichtung verlaufende Geschichte. In Gesellschaften mit dieser Konzeption wird die Geschichte nur akzeptiert als eine Form ohne Inhalt; es gibt zwar ein Früher und ein Später, aber ihre einzige Bedeutung ist, daß sie einander widerspiegeln (WD 297). Die Vergangenheit wird über das Ritual an die Gegenwart gebunden: Die Riten »äußern sich über die Diachronie, aber sie tun es noch im Rahmen der Synchronie, da allein die Tatsache, daß man sie feiert, der Wandlung der Vergangenheit in Gegenwart gleichkommt« (WD 274). Obwohl auch die primitiven Kulturen in den »Strom der Zeit« aufgenommen sind, versuchen sie immer, einen sicheren Kurs zwischen den Zufälligkeiten der Geschichte und der Stabilität der Ordnung, zwischen Diachronie, Ereignis einerseits und Struktur, Ästhetik und Logik andererseits zu steuern (WD 91). Mehr als manche andere Lebensweise kann eine primitive Kultur jene »kristallinische Struktur« aufweisen, die mit einer »dauernden Chance des Menschen« korrespondiert (SA II 41 f.).

Der Unterschied zwischen kumulativer und stationärer Geschichte ist ein Unterschied im verwendeten Zeitbegriff. Die kumulative Geschichte kennt eine nicht-umkehrbare Zeit, die stationäre dagegen eine umkehrbare Zeit. Diesen Unterschied in der Zeitkonzeption vergleicht Lévi-Strauss mit dem Unterschied zwischen dem Funktionieren eines Uhrwerks und einer Dampfmaschine. Im »Uhrwerk-Modell« trifft man regelmäßige, zyklisch verlaufende Prozesse, die, nachdem sie wieder zu ihrem Ausgangspunkt zurückgekehrt sind, von vorne beginnen. Dadurch gleichen Gesellschaften, die dem Uhrwerk-Modell entsprechen – und das sind bei weitem nicht alle –, statischen Gesellschaften ohne Geschichte. Im »Dampfmaschinen-Modell« geht es um eine Temperaturdifferenz zwischen den einzelnen Teilen. Dampfmaschinen arbeiten auf der Basis einer Potentialdifferenz zwischen den einzelnen Bestandteilen. Das kommt auf der Ebene der Gesellschaft in der Existenz verschiedener Formen sozialer Hierarchie zum Ausdruck. Lévi-Strauss sieht dabei einen Zusammenhang zwischen Energieentwicklung und -verbrauch einerseits und großen Spannungen infolge starker sozialer Gegensätze andererseits. Diese Gegensätze tendieren zum Ausgleich. Danach entstehen jedoch wieder neue Gegensätze in anderer Form.[36] Lévi-Strauss nennt eine Abfolge, die von der Sklaverei über die Leibeigenschaft sowie das Proletariat bis hin zu den kolonisierten Völkern verläuft.

Das Problem der Bewertung der Zivilisation ist also nicht so einfach, wie uns die »Fortschrittspropheten« – etwa die Marxisten – weismachen wollen. Wenn der eine Mensch den anderen unterdrücken und ein Teil der Menschheit einen anderen Teil als Objekt behandeln muß, um die Herrschaft über die Natur zu etablieren, dann kann man nicht länger eine klare und einfache Antwort auf die Fragen geben, die durch den Begriff »Fortschritt« aufgeworfen werden. Schon vor zwanzig Jahren sagte Lévi-Strauss, 90% des Fortschritts seien dazu da, die katastrophalen Folgen der restlichen 10% zu kompensieren.[37] Er bedauert, daß der primitive Mensch und seine Gesellschaft einer aggressiven westlichen Gesellschaft geopfert werden, die sich im Gegensatz zur primitiven Gemeinschaft sehr weit von den »Grundlagen des menschlichen Zusammenlebens« entfernt habe (TT 386). Seine Abscheu gegen die moderne Zeit und die westliche Gesellschaft geht explizit aus einem Interview hervor, das er dem *Nouvel Observateur* anläßlich des Erscheinens von *Vom Honig zur Asche* (1966) gewährte. Darin sagt er, daß das Jahrhundert, in dem wir leben, nicht sein Fall sei.[38] Die aktuelle Tendenz scheint ihm in Richtung einer totalen Beherrschung der Natur durch den Menschen zu gehen. Temperaturen und Geschmack führen ihn viel eher in Perioden, in denen ein bestimmtes Gleichgewicht zwischen Mensch und Natur, zwischen den diversen tierischen oder pflanzlichen Lebensformen und zwischen verschiedenen Typen von Kulturen, Auffassungen, Bräuchen oder Institutionen bewahrt bleiben konnte.

Die in dieser Aussage enthaltene relativierende Skepsis in Bezug auf die eigene Gesellschaft hängt mit dem zusammen, was er als zentrale Voraussetzung für die Ausübung der Kulturanthropologie betrachtet: Distanz zu wahren. Die Perspektive des Kulturanthropologen sieht er analog zu der des Astronomen; man muß sich in einem gewissen Abstand postieren, um bestimmte Muster wahrnehmen zu können. Nur aus der Distanz können fundamentale Eigenschaften entdeckt werden. Gleichzeitig behauptet Lévi-Strauss, daß die Kulturanthropologie – anders als die Astronomie – keine »teilnahmslose« Wissenschaft ist. Anthropologie ist das Resultat eines historischen Prozesses, durch den der größte Teil der Menschheit einer Minderheit unterworfen wurde. Die Anthropologie ist ein Kind des Zeitalters der Gewalt, ihre Fähigkeit, die menschliche Situation objektiver zu beurteilen, spiegelt auf erkenntnistheoretischer Ebene eine Situation wider, in der der eine Teil der Menschheit den anderen als Objekt behandelt. Psychologisch gesprochen ist der Kulturanthropologe verstümmelt, er wird sich niemals zu Hause fühlen (TT 48). Nur indem er Distanz zum eigenen Wertesystem wahrt, kann er den Anderen verstehen. Das Wahren von Distanz und das damit einhergehende Vergleichen ermöglichen es, Bräuche, die zunächst »wild, fremd und schlecht« schienen, als menschlich zu sehen (TT 383). Lévi-Strauss führt hier das Beispiel der Anthropophagie an. Das Verzehren eines Stücks der Leiche eines Verwandten oder eines Feindes hat zum Ziel, sich bestimmte Tugenden einzuverleiben oder Kräfte zu neutralisieren. Unsere Verurteilung dessen beruht scheinbar entweder auf dem Glauben an die Auferstehung des Körpers, der durch diese materielle Vernichtung gefährdet ist, oder auf dem Glauben an eine enge Verbindung zwischen Leib und Seele. Es sind mit anderen Worten genau dieselben Überzeugungen, die in dem einen Fall zum rituellen Verzehr von Menschenfleisch führen und im anderen Fall Anlaß zu einer moralischen Verurteilung dieses rituellen Konsumierens geben (TT 382). Diese relativierende Haltung kann dazu führen, daß der Anthropologe mit zweierlei Maß mißt, sich also mit Abscheu von bestimmten Verhaltensmustern in der eigenen Gesellschaft abwendet und zugleich verwandte, vergleichbare Verhaltensweisen in sogenannten primitiven Gesellschaften nicht verurteilt, obwohl sie sich in nichts oder kaum unterscheiden. In dem Fall versucht er, das System von Haltungen, Auffassungen und kollektiven Vorstellungen, innerhalb dessen solche Praktiken existieren können, zu verstehen.[39] Das führt dazu, daß der Kulturanthropologe im eigenen Land ein Kritiker und anderswo ein Konformist sein kann.

Beweisführung

Lévi-Strauss läßt sich nicht gerade ausführlich darüber aus, wie er zu seinen Schlußfolgerungen gekommen ist. In einigen methodologisch gefärbten Veröffentlichungen sind zwar Bemerkungen über die Kriterien einer wissenschaftlichen Beweisführung und über das Verhältnis zwischen Sozial- und Naturwissenschaften zu finden, aber diese Bemerkungen sind genereller Art und nicht durchgehend konsistent. Ihre Übertragung in konkrete und spezifische Richtlinien ist problematisch. Seine Schlußfolgerungen gleichen eher Gedankenblitzen als Ergebnissen einer schlüssigen und expliziten Argumentation. Das schließt übrigens eine »idealtypische« Beschreibung seiner strukturalistischen Beweisführung nicht aus.

Lévi-Strauss verwirft den – von Dilthey und Spengler behaupteten – Gegensatz zwischen den Erklärungsverfahren der Naturwissenschaften und der Humanwissenschaften: für erste ein externes kausales, für letztere ein internes »verstehendes« Erklärungsverfahren. Die interne und externe – oder subjektive und objektive – Art des Erklärens ist Lévi-Strauss zufolge nicht konträr, sondern – was die Sozialwissenschaften anbelangt – komplementär. Es handelt sich dabei um eine Einteilung in Phasen, wobei man vom Empirischen und Bewußten zum Metaempirischen und Unbewußten schreitet. In der Kombination des internen mit dem externen Erklärungsverfahren liegt seiner Meinung nach die Originalität der Kulturanthropologie begründet (SA II 17).

Konkret unterscheidet Lévi-Strauss drei Hauptphasen. In der ersten Phase der Forschung beginnt der Strukturalist mit einem Objekt, wie es auf der Ebene der Erfahrung vorliegt. Er analysiert das Phänomen in seiner Beziehung zu anderen Phänomenen in Gegenwart und Vergangenheit, um sich so ein Bild von einer Totalität von Beziehungen in einer konkreten Situation zu verschaffen. Als Ausgangspunkt wendet er hierbei eine phänomenologische Analyse an. Diese zielt auf die

Beschreibung eines Phänomens, wie es sich dem Bewußtsein jenseits aller Theorie präsentiert. Das subjektive Bewußtsein ist ja ebenso sehr eine Form der Realität sozialer Phänomene wie ihre objektiven Eigenschaften. Das Problem dabei ist, daß ein Beweis auf dem Wege des »Verstehens« größtenteils illusorisch ist. Der Forscher kann niemals wissen, ob der Andere, der Erforschte, mit dem er sich nicht identifizieren kann, aus den Elementen seiner Existenz zu einer gleichen Synthese kommt. Er interpretiert immer aus eigener Sicht. Wie objektiv und gewissenhaft er auch sein mag, am Ende seiner Studie ist er doch niemals der Andere geworden. Er kann höchstens ein Recht darauf geltend machen, wie Mauss behauptete, die »allgemein funktionierenden Tatbestände« entwirrt zu haben (SA II 17). Aber mehr hält Lévi-Strauss im Rahmen einer Präliminaranalyse auch nicht für notwendig: »Voraussetzung ist nur – und dafür genügt das innere Gefühl –, daß die Synthese, auch wenn sie nur approximativ ist, der menschlichen Erfahrung untersteht.« (SA II 16) Für die Gesamtanalyse darf der Strukturalist allerdings nicht bei der Phänomenologie stehenbleiben. Die Erklärung hört hier noch nicht auf. Die Möglichkeit, Erfahrungen des Anderen an sich selbst »auszuprobieren«, ist weniger ein Beweis als eine Gewähr, daß er auf dem richtigen Weg ist.

Lévi-Strauss zufolge eignen sich die primitiven Gesellschaften besonders gut dazu, die allgemein wirksamen Tatsachen zu entdecken. Abgesehen davon, daß primitive Gesellschaften weniger komplex sind als moderne Gesellschaften, gibt es noch einen wichtigen philosophischen Grund. Die Diskrepanz zwischen Auffassungen und Bräuchen der untersuchten primitiven und denen der eigenen Kultur zwingt dazu, zu zweifeln und eigene Auffassungen mit Abstand zu betrachten. Je mehr die sog. primitiven Gesellschaften sich von der eigenen Gesellschaft unterscheiden, desto größer ist die Chance, diese »allgemein wirksamen Tatsachen« zu entdecken.

Nach der »vorwissenschaftlichen«, phänomenologisch gefärbten Analyse, die darauf zielt, den Forscher mit dem Forschungsobjekt vertraut zu machen und dessen Totalität kennenzulernen, kommt die eigentliche wissenschaftliche Arbeit. In dieser zweiten Phase beginnt der Strukturalist, das Forschungsobjekt als ein bestimmtes Schema von Beziehungen zwischen den Elementen zu definieren. Danach erwägt er, welche Relationen zwischen diesen Elementen logisch gesehen möglich sind. Mit anderen Worten, er konstruiert eine Tabelle möglicher Permutationen. Diese Tabelle stellt dann das neue, eigentliche Forschungsobjekt dar, wobei er das ursprüngliche empirische Forschungsobjekt als *eine* der möglichen Kombinationen von Beziehungen zwischen den Elementen ansieht.

Das Experimentieren mit diesen Möglichkeiten findet nicht auf empirischer, sondern auf metaempirischer Ebene statt. Weil Experimente mit Gesellschaften und Institutionen ausgeschlossen sind, arbeitet der Strukturalist mit Modellen, die die charakteristischen Eigenschaften dieser Gesellschaften und Institutionen in sich vereinen und dennoch manipulierbar und kontrollierbar sind. Es geht also um mentale Experimente, die deduktiven Ableitungen folgen. Das Experimentieren mit diesen Modellen beinhaltet u. a., daß neue und störende Variablen mit dem Ziel eingeführt werden, die Modelle komplizierter und instabiler zu machen. Ein Beispiel dafür sind die Verwandtschaftsmodelle.

Mit Hilfe eines ständigen Umschaltens vom mentalen Experiment zur Feldsituation und umgekehrt versucht der Strukturalist, sich ein immer besseres Bild von den Regeln zu verschaffen, die den Kulturphänomenen zugrundeliegen.

Auf dem Wege der Transformation von Modellen, d. h. des Veränderns von Beziehungen zwischen den Elementen, untersucht der Strukturalist, ob die anderen möglichen Beziehungsmuster auch in der Empirie vorkommen. Ziel ist es, herauszufinden, ob sich aus der chaotischen empirischen Komplexität ein kohärentes Ganzes von Regeln destillieren läßt, das diese Phänomene erklärt. Anders ausgedrückt, es geht darum zu zeigen, daß hinter der *»Faktenwahrheit«* eine *»Verstandeswahrheit«* existiert (SA II 31).

Um das mentale Experiment richtig zu verstehen, ist der Begriff Transformation essentiell. Der interne Zusammenhang einer Ordnung offenbart sich nur durch das Studium der Transformation, wodurch der Forscher dasselbe Regelsystem in scheinbar unterschiedlichen Systemen entdecken kann (SA II 29).

Ein Beispiel für dieses mentale Experimentieren, aus dem zugleich deutlich die Bedeutung der Transformation für den Strukturbegriff hervorgeht, ist Lévi-Strauss' Analyse der möglichen Beziehungen zwischen Inzest und Rätsel in der europäischen und amerikanischen Mythologie. Er macht diese Analyse anhand des Ödipusmythos, des Parzivalmythos und eines Mythos der Irokesen und der Algonkin-Indianer (SA II 31):

»Der Algonkin-Mythos beinhaltet, daß ein junges Mädchen den amourösen Gelüsten eines nächtlichen Besuchers ausgesetzt wird. Sie glaubt, daß es sich um ihren Bruder handelt. Alles weist auch auf ihn hin: das Äußere, die Kleidung und die Schrammen von Fingernägeln auf seinen Wangen. Als sie ihn formell beschuldigt, gesteht der Bruder, daß er einen Doppelgänger hat, zu dem ein so enges Band besteht, daß alles, was dem einen zustößt, automatisch auf den anderen übertragen wird. Um seine Schwester, die ihm nicht glaubt, zu überzeugen, tötet der junge Mann seinen Doppelgänger vor ihren Augen. Damit unterschreibt er allerdings gleichzeitig sein eigenes Todesurteil, weil sein Schicksal mit dem des Doppelgängers verbunden ist. Die Mutter des Doppelgängers, die Herrin der Eulen, ist eine mächtige Zauberin. Sie will ihren Sohn rächen. Es gibt nur eine Möglichkeit, sie in die Irre zu führen: daß die Schwester den Bruder heiratet, so daß er für seinen Doppelgänger gehalten wird. Inzest ist so abwegig, daß der alten Frau Betrug gar nicht in den Sinn kommt. Die Eulen lassen sich jedoch nicht hinters Licht führen und enttarnen die Schuldigen, denen es allerdings gelingt, zu entkommen.«

So weit der Mythos, den Lévi-Strauss zum Ausgangspunkt nimmt. Er ist der Meinung, hierin das Thema des Ödipusmythos wiederzuerkennen: Die Präventivmaßnahmen, mit denen der Inzest verhindert werden soll, machen ihn faktisch unausweichlich. Die Frage ist nun, ob die Parallelen zwischen den beiden Mythen zufällig sind oder nicht. Um nachzuweisen, daß der Bruder-Schwester-Inzest und der Doppelgänger des Helden bei den Irokesen und den Algonkin verwandt sind mit dem Mutter-Sohn-Inzest und der Doppelidentität des Ödipus – von letzterem wird angenommen, er sei tot, aber es stellt sich heraus, daß er doch lebt –, ist es erforderlich, in den amerikanischen Mythen eine Transformation der Episode der Sphinx auszumachen. Nach Lévi-Strauss ist das nämlich, im Vergleich mit dem Ödipusmythos, das einzige noch fehlende Element.

Er ist der Ansicht, daß dieses Element durchaus implizit vorhanden ist. In Nordamerika lassen sich zwei Rätsel-Situationen finden, deren autochthone Herkunft unstrittig ist (Sa II 32): (1) Bei den Pueblo-Indianern handelt es sich um eine Gruppe zeremonieller Clowns, die den Zuschauern Rätsel aufgeben und den Mythen zufolge einer inzestuösen Beziehung entstammen; (2) bei den Algonkin gibt es Mythen, in denen Eulen – oder manchmal Vorfahren der Eulen – dem Held Rätsel aufgeben, die dieser bei Strafe des Todes lösen muß. In dem hier behandelten Algonkin-Mythos ist die Mutter des Doppelgängers die Herrin der Eulen, so daß die Assoziation mit Rätseln gegeben ist. In Amerika weisen Rätsel also auch, so folgert Lévi-Strauss, jenen Doppelcharakter auf, den sie im Ödipusmythos haben: Es geht um Inzest sowie um ein Wesen, das Rätsel aufgibt, in diesem Fall eine Eule, die von Lévi-Strauss als Transformation der Sphinx angesehen wird.

Nun ist der erste Schritt in diesem mentalen Experiment die Konstruktion eines Rätsel-Modells, in dem der Forscher so gut wie möglich dessen konstante Eigenschaften in den verschiedenen Mythologien zum Ausdruck bringt. Das sind nacheinander »eine Frage, von der postuliert wird, daß sie keine Antwort hat«, und als Transformation die Umkehrung davon »eine Antwort, für die es keine Frage gegeben hat« (SA II 33). Es stellt sich heraus, daß es Mythen gibt, die ihre dramatische Kraft aus einer »Antwort-ohne-Frage«-Struktur beziehen. Ein gutes Beispiel ist in Lévi-Strauss' Augen der Mythos vom Heiligen Gral. Er beschreibt die Erlebnisse des fahrenden Ritters Parzival, Sohn des Gahmuret von Anjou und der Herzeloyde:

»Herzeloyde beschließt nach Gahmurets Tod auf dem Schlacht-feld, ihren Sohn Parzival von Kampf und Gewalt fernzuhalten. In einem kleinen Haus in Frankreich versteckt sie sich und ihren Sohn vor der Welt. In aller Stille wächst Parzival auf, bis er eines Tages drei Rittern begegnet. Nach dieser Begegnung will er Ritter werden. Parzival macht sich auf den Weg zum Hof des Königs Artus und begegnet unterwegs Sigune, einer Nichte seiner Mutter. Die erzählt ihm alles über seinen Vater und dessen Schicksal. Am Hof des Königs Artus angelangt, bekommt Parzival Gelegenheit, sich mit dem ›roten Ritter‹, der die Königin Guinivere beleidigt hat, einen Kampf zu liefern. Er trägt den Sieg davon, und mit dem Panzer und dem Pferd des geschlagenen ›roten Ritters‹ zieht Parzival durch Frankreich und England. Er erlebt allerlei Abenteuer, und eines Abends gelangt er an einen See in einem dunklen Wald. Einen kostbar gekleideten Mann fragt er, wo er übernachten kann. Dieser weist ihn auf eine Burg in der Nähe hin. Nachdem Parzival sich bedankt hat, sagt dieser Mann: ›Wenn Ihr Euch nicht verirrt, werde ich heute Abend selbst Euer Gastgeber sein.‹ Parzival findet den Weg zum Schloß, und auf die Frage eines Knappen, wer ihn ge-schickt habe, antwortet er: ›Der Fischer am See. Er empfahl mir, um Einlaß in die Burg zu ersuchen.‹ Darauf antwortet der Knappe: ›Wenn er es Euch gesagt hat, seid Ihr willkommen.‹ Parzival wird in den Speisesaal geführt, danach wird der Burgherr auf einem Bett hereingetragen und vor dem mittleren Kamin abgesetzt. Während der Burgherr spricht, kommt ein Knappe mit einem blutenden Speer in der Hand in den Saal. Überall in der Burg hört man klagende Stimmen, und es wird erst still, nachdem der Lanzenträger einmal rund um den Saal gelaufen und danach wieder verschwunden ist. Dann öffnet sich wieder eine Tür und zwei Mädchen kommen herein, ihnen folgen andere und schließlich die Königin. Sie trägt den Gral, eine geheimnisvolle Schale, die von Josef von Arimathea aus dem Heiligen Land nach England gebracht worden war und die einstmals das Blut des gekreuzigten Christus aufgefangen hat. Nur eine keusche Jungfrau ist würdig, diesen Gral zu hüten. Die Königin setzt den Gral vor dem Burgherrn nieder. Danach werden Tische herangetragen, je einer für vier Ritter. Der Gral hat so viel Macht, daß jeder aufgetischt bekommt, was er verlangt. Voller Verwunderung, aber ohne ein Wort zu sagen, verfolgt Parzival dieses Geschehen. Weil ein Weiser, der Parzival einst als Gast aufgenommen hatte, ihm geraten hatte, so wenig wie möglich Menschen mit Fragen zur Last zu fallen, stellt er, um höflich zu sein, keine Fragen. Er weiß nicht, daß die Qualen, unter denen der Burgherr leidet, gelindert werden, wenn man sich nach den Wundern der Gralsburg und ihrer Bedeutung erkundigt. Nach dem Essen bringt man Parzival zu seiner Schlafkammer. Nach einer unruhigen Nacht wird er wach und stellt fest, daß niemand mehr da ist. Seine Rüstung liegt zwar bereit, aber weder Jungfrau noch Ritter erscheinen auf sein Rufen hin. Die Tore der Burg stehen offen und die Brücke ist heruntergelassen. Als Parzival nach draußen reitet, erscheint ein Knappe. Auf Parzivals Frage, was das alles zu bedeuten habe, schnauzt der Knappe an ihn: ›Macht, daß Ihr wegkommt! Wenn Ihr gestern nicht wie ein Träumer dagesessen und geschwiegen hättet, wäre Euch alle Ehre erwiesen worden, die Euch zukam.‹ Parzival zieht weiter und begegnet unterwegs einer Frau, die ihm erzählt, das er auf der Burg Montsalvat war, auf der der kranke König Amfortas wohnt. Wenn Parzival, der zum Schloß zugelassen wurde, das niemand von sich aus finden kann, ihn um eine Erklärung der Wunder gebeten hätte, hätte er den kranken König geheilt und ihm wäre alle Ehre zuteil geworden, die einem Sterblichen vorbehalten ist. Parzival erwidert, daß er fürchtete, unbescheiden zu sein, indem er Fragen stellt, worauf die Frau sagt: ›Aber warst du nicht betroffen von der Tatsache, daß der Gral seine Macht nicht gebrauchte, um Amfortas zu heilen?‹ Auf seine Mitteilung, daß ein weiser Mann ihn gelehrt hätte, daß Schweigen besser ist als Fragen, antwortet die Frau schließlich: ›Wenn Ihr tatsächlich etwas von dem Leid verstanden hättet, unter dem der kranke König gebückt geht, hättet Ihr dennoch gesprochen. Nun seid Ihr ein Verfluchter, weil Ihr mit ihm, der weder gehen noch reiten kann, kein Erbarmen hattet. Und es ist unverzeihlich, daß Ihr nicht nach den Geheimnissen des Grals geforscht habt.‹ Betrübt zieht Parzival weiter. Nach einiger Zeit stößt er auf König Artus. Nach dieser Begegnung wird er zu den Rittern der Tafelrunde zugelassen. Bei den Festlichkeiten, die aus diesem Anlaß stattfinden, beschuldigt Kundrie, eine sehr weise, aber ungemein häßliche Frau, Parzival eines unwürdigen Verhaltens während seines Auftritts auf der Gralsburg. Parzival erkennt ihre Bezichtigungen an und zieht gesenkten Hauptes einer unsicheren Zukunft entgegen. Später, als Parzival bei einem Turnier auf seinen Halbbruder Feirefiz von Anjou trifft, erscheint Kundrie und bittet um Vergebung. Sie offenbart ihm, daß auf dem Gral die Worte erschienen sind: ›Parzival wird König des Grals ... Parzival wird Amfortas die Frage stellen, die er aus Höflichkeit früher unterließ, und der kranke König wird geheilt sein. So ist alle Wehmut verschwunden und Euer Glück wird Euch nicht mehr verlassen.‹«[40]

Der nächste Schritt in Lévi-Strauss' »Denk-Experiment« ist die Frage, ob die Gralsmythen ein selbständiges Ganzes bilden oder ob sie als *species* eines *genus* betrachtet werden müssen, zu dem auch die Ödipusmythen gehören. Mit anderen Worten: Inwieweit ist die Gruppe der Gralsmythen zurückzuführen auf eine Permutation der Gruppe der Ödipusmythen? Das erweist sich Lévi-Strauss zufolge als durchaus möglich. Ein keuscher Mann tritt an die Stelle einer Person, die sexuelle Beziehungen mißbraucht. Ein Unwissender, der noch nicht einmal verstanden hat, daß er Fragen stellen muß, wird ersetzt durch einen gerissenen Mann, der auf alles eine Antwort weiß. Im Gralsmythos muß das Problem des verlorenen Sommers gelöst werden, im Ödipusmythos ist von einem ewigen Winter die Rede, der mit der Lösung des Rätsels endet und vom Sommer abgelöst wird. Parzival erweist sich so als eine Transformation des Ödipus.

Lévi-Strauss folgert daraus, daß sich Keuschheit und »eine Antwort ohne Frage« in einer bestimmten Art und Weise zu inzestuösen Beziehungen und »einer Frage ohne Antwort« verhalten. Zwischen der Auflösung des Rätsels und dem Inzest besteht eine Beziehung »nicht extern und faktisch«, sondern »intern und nachvollziehbar«; denn ebenso wie das gelöste Rätsel bringt der Inzest Elemente zusammen, die geschieden bleiben müssen: »Der Sohn vereint sich mit der Mutter, der Bruder mit der Schwester, *so wie es die Antwort tut, der es wider alles Erwarten gelingt, ihre Frage einzuholen.*« (Sa II 34)

Das Experimentieren mit deduktiv entworfenen Modellen lenkt die Aufmerksamkeit auf andere logische Möglichkeiten. Es steuert die Beobachtung, womit es (zukünftiger) Forschung eine Richtung weist. Damit ist die dritte Phase erreicht, in der eine Rückkopplung zwischen metaempirischer und empirischer Ebene stattfindet. Der Forscher transformiert das aufgrund einer konkreten Situation entworfene Modell in andere Modelle, die zu derselben Klasse gehören, und prüft dann, ob diese andere Kombinationen von Beziehungen zwischen den Elementen in der Empirie wiederzufinden sind. Er muß – ausgehend von der Ebene des Modells – wieder zurückkehren zur Ebene der konkreten Erfahrung, um nachzuweisen, daß diese aus den analytischen Prinzipien erklärbar ist. Die Richtigkeit der Analyse muß sich aus der Synthese ergeben, aus der Fähigkeit, den empirischen Inhalt, von dem ausgegangen wurde, zu rekonstruieren. Die Rückkopplung ist allerdings an Vorbehalte geknüpft, weil Zufälle, die auf empirischer Ebene zum Tragen kommen, immer eine Rolle spielen.

In dieser Phase der Beweisführung spielt das Prinzip der Voraussagbarkeit eine wichtige Rolle. Ohne dies eigens zu benennen, benutzt Lévi-Strauss dieses Prinzip in einer spezifischen Bedeutung: Es bezieht sich bei ihm vor allem auf die logischen Möglichkeiten oder Kombinationen von Beziehungen zwischen Elementen. So gesehen könnte Voraussagbarkeit vielleicht besser negativ in dem Sinne formuliert werden, daß bestimmte Arten von Relationen und Phänomenen nicht in Kombination mit anderen vorkommen dürfen. Tun sie es doch und kann man sie nicht mit Zufällen »wegdeuten«, dann muß das Modell revidiert oder verworfen werden. Dieses Kriterium impliziert nicht, daß man die Anwesenheit jedes konkreten Aspekts eines Phänomens vorhersagen kann. Man gibt nur die Existenz eines gewissen »Skeletts« von Beziehungen zwischen den Elementen an; mehr nicht, da unvorhergesehene Ereignisse immer die entgültige konkrete Form eines soziokulturellen Phänomens mitbestimmen. Aus dem Nachdruck, den Lévi-Strauss auf das mentale Experiment legt, kann man schließen, daß die Strukturanalyse vor allem eine logische Analyse ist. Die Betonung der internen Logik der Institutionen geht hervor aus seiner Ausgangsthese, daß der menschliche Geist unbewußt die Aktivitäten des Menschen strukturiert, wodurch soziokulturelle Phänomene einen geordneten und nachvollziehbaren Charakter aufweisen. Erklärung der Phänomene bedeutet Darlegung ihrer logischen Ordnung. »Diese Erklärung findet in sich selbst ihren eigenen Beweis.«[41] Die Anthropologie ist vor allem das Studium der Anthropologik; die Grundlage für die Soziologie ist in der Soziologik gelegen (ET 133). Da es sich um eine logische Analyse handelt, ist das beste Verifikationskriterium die Kohärenz. Es geht bei Lévi-Strauss dabei nicht nur um die Propositionen der formalen Logik, sondern auch um die der sinnlichen oder konkreten Logik.

Beide Arten von Logik versteht er als bestimmte Modalitäten ihnen zugrundeliegender, universeller Denkprinzipien. Um diese herauszufinden, kann man nicht bei der symbolischen Logik des »Westens« stehenbleiben, sondern muß auch die Logik der primitiven Gesellschaften zu Rate ziehen. Er übernimmt in diesem Punkt E. W. Beths These, daß Logik eine empirische Wissenschaft ist (WD 285).

Die Rede ist auch von einer Rückkopplung zwischen Bewußtem und Unbewußtem: Über das Bewußte versucht der Forscher, zum Unbewußten vorzudringen. In der Beweisführung des Strukturalismus ist also ein deutlicher Übergang vom Bewußten zum Unbewußten als Forschungsobjekt auszumachen. Eine Komplikation ergibt sich allerdings daraus, daß Lévi-Strauss gleichzeitig den starken Eindruck erweckt, daß das Bewußte die definitive Validierung der Strukturanalyse ausmacht. Der unbewußte Lauf der Dinge muß bewußt gemacht werden. Lévi-Strauss behauptet unter Verweis auf Mauss, daß die Analyse so weit durchgeführt werden muß, daß »Körper, Seele, Gesellschaft sich vermischen« (SA II 15). Lévi-Strauss' unbewußt funktionierende Strukturen müssen durch Intuition entdeckt werden. Der Strukturalismus erfaßt »also tiefe und organische Wahrheiten und bringt sie an die Oberfläche zurück, ... (indem) der Geist spürt, daß er wirklich mit dem Körper eins ist« (My IV 815).

Die »phänomenologische« Fundierung spielt mit anderen Worten eine große Rolle im Strukturalismus. Die Vorstellungen des Menschen können lediglich immer besser begriffen werden, aber niemals in einem definitiven Sinne. Durch diese Aussage könnte man auf die Idee kommen, daß Lévi-Strauss plötzlich beginnt, sich in Ideen hineinzudenken, statt nach notwendigen Beziehungen zwischen Phänomenen zu suchen. Dieser Kraftakt ist nur aus der Tatsache zu erklären, daß Lévi-Strauss immer wieder versäumt, einen Unterschied zwischen den verschiedenen Erklärungsebenen und deren Verhältnis zu den beiden Zielebenen seines Strukturalismus zu machen. Auf der ersten Ebene will er unterschiedliche Muster soziokultureller Phänomene beschreiben und offenlegen, auf der zweiten Ebene will er nachweisen, daß diese Muster von Deutungssystemen an die Umgebung angepaßte Äußerungsformen des menschlichen Geistes sind. Seine Bemerkung, daß es um »Verstehen« geht, kann sich nur auf die Ebene der bewußten Sinngebung durch Mitglieder einer Gruppe oder, anders ausgedrückt, auf die Semantik von Kulturphänomenen und nicht auf die ihnen zugrundeliegende Grammatik beziehen.

Da nichts die Gehirnaktivität mehr verrät als die Sprache, spielt die Linguistik eine paradigmatische Rolle. Lévi-Strauss hält das linguistische System für den Prototyp der verschiedenen soziokulturellen Institutionen. Das impliziert nicht, daß die soziokulturellen Institutionen, von ihm als Formen der Kommunikation angesehen, von der Sprache abstammen (SA I 98). Und es impliziert seiner Meinung nach ebenso wenig, daß andere Kulturäußerungen auf die Sprache zurückgeführt werden können. Jedes Subsystem hat seine eigenen

Merkmale und internen Organisationsprinzipien, auch wenn er einräumt, daß zwischen dem linguistischen System und anderen Subsystemen, von ihm auch als Sprache, *Codes* oder *Ordnungen* angedeutet, Homologien bestehen.

In Übereinstimmung mit dieser These sieht Lévi-Strauss Heiratsregeln und Verwandtschaftssysteme als eine Art Sprache. Neben dem Verwandtschaftssystem ist vor allem das ökonomische und das linguistische System einer Kultur von großer Bedeutung. »Die Verwandtschafts- und Heiratsregeln dienen dazu, den Austausch der Frauen zwischen den Gruppen zu sichern, wie die ökonomischen Regeln den Austausch von Gütern und Dienstleistungen und die Sprachregeln die Nachrichtenübermittlung garantieren.« (SA I 97) Des weiteren stellen die Kunst, der Mythos, das Ritual, die Nahrungszubereitung, die Etikette etc. ebenfalls Zeichensysteme dar. Auch Gegenstände und Techniken sind Zeichen. Aus ihrem Kontext gelöst, gleichen sie schlichtweg »Fakten«. Wenn der Forscher sie jedoch in jenen allgemeinen Bestand von Gesellschaften stellt, den die Anthropologie aufzunehmen versucht, rücken sie in ein anderes Licht. Sie sind die Äquivalente von Entscheidungen, die jede Gesellschaft zwischen verschiedenen Möglichkeiten trifft. In diesem Sinn kann ein bestimmter Typus eines Steinbeils ein Zeichen sein. »Von hier an erhalten auch die einfachsten Techniken einer beliebigen primitiven Gesellschaft den Charakter eines Systems, das sich in den Termini eines allgemeineren Systems analysieren läßt.« (SA II 20)

Die formalen Übereinstimmungen ergeben sich aus der Tatsache, daß all diese Subsysteme Ausdrucksformen und Produkte des menschlichen Geistes sind: »Sprache und Kultur (sind) parallele Modalitäten einer weit grundlegenderen Tätigkeit ...: ich denke hier an ... *den menschlichen Geist.*« (SA I 84) Die Tätigkeit des menschlichen Geistes, so sagt Lévi-Strauss, unterliegt auf allen Gebieten denselben Gesetzen. Es ist deshalb auch überall ein ähnliches Grundmuster zu entdecken.

Obwohl man das Funktionieren des menschlichen Geistes in jedem der Subsysteme auffinden kann, ist das linguistische Subsystem Lévi-Strauss zufolge doch ein privilegiertes Gebiet. Er nennt hierfür zwei Gründe. Zunächst weist das linguistische System am deutlichsten einen Systemcharakter auf: »Sprache ist das Bezeichnungssystem par excellence; es ist nicht möglich, daß sie nicht bezeichnet, das Ganze ihrer Existenz liegt in der Bezeichnung.« Die semantischen Funktionen anderer Systeme wie soziale Organisation, Kunst usw. bleiben partiell, fragmentarisch oder subjektiv (SA I 63). Außerdem folgt das linguistische System unbewußter als alle anderen Ausdrucksformen von Kultur einem Regelsystem. Beim linguistischen System kann von der Existenz sekundärer Erklärungen – anders als bei anderen Ausdrucksformen der Kultur – keine Rede sein. Dadurch ist es wie kein anderes geeignet, um die verborgenen Denkstrukturen kennenzulernen (SA I 34).

3. Die Problemfelder

Lévi-Strauss hat etwa fünfzehn Bücher und mehr als 160 Artikel in einer Reihe von Zeitschriften veröffentlicht. Obwohl seine Arbeiten sehr unterschiedliche Themen streifen, sind sie drei Hauptgebieten gewidmet, nämlich Verwandtschaft, Klassifizierung und Mythologie. Diese Veröffentlichungen haben außerdem einen gemeinsamen Kern: das Verhältnis zwischen Natur und Kultur, das vom ersten Moment an das zentrale Problemfeld gewesen ist. Es bildet das Scharnier zwischen den Studien über Verwandtschaft, Klassifizierung und Mythen. Bereits die Verwandtschaftsstudien wurden mit dem Ziel unternommen, eine Bestandsaufnahme mentaler Beschränkungen zu machen. Lévi-Strauss wollte nachweisen, daß die empirische Unterschiedlichkeit in Verwandtschaftsverhältnissen letztlich aus einer begrenzten Anzahl von Ordnungsprinzipien hervorgeht. Eine Diversität, die ein großes Maß an Freiheit, Zusammenhanglosigkeit und Zufälligkeit bei der Regelung gesellschaftlicher Verhältnisse suggeriert[42], enthält also gleichzeitig eine notwendige Ordnung. Schon bald erwies sich allerdings, daß die Schranken auf dem Gebiet der Verwandtschaft ihren Ursprung nicht ausschließlich in der Struktur des Denkens haben. So gibt es auch Einflüsse demographischer Art. Diese Schlußfolgerung hat Lévi-Strauss veranlaßt, sich zunächst stärker den Klassifizierungsstudien und in der Folge den Mythen, der Kunst etc. zu widmen. Vor allem die Mythologie stellt seiner Ansicht nach ein Gebiet dar, auf dem der Einfluß ökonomischer, ökologischer und demographischer Beeinträchtigungen am wenigsten spürbar ist. Hier kann man dem Funktionieren des menschlichen Geistes folglich am besten auf die Spur kommen.

Verwandtschaft

Lévi-Strauss' wichtigste Studien auf dem Feld der Verwandtschaft sind in der zweiten Hälfte der vierziger Jahre (1945, 1949) erschienen. Seine späteren Untersuchungen auf diesem Gebiet sind hauptsächlich Ausarbeitungen und Reaktionen auf Kritik. In den Grundlagenstudien beschränkt er sich auf die sog. elementaren Strukturen: die Systeme, die die Ehe mit einem ganz bestimmten Verwandten vorschreiben, bzw. die Systeme, in denen diese Verwandten – falls alle Mitglieder der Gesellschaft als Verwandte definiert werden – in zwei Kategorien unterteilt werden: solche, mit denen man eine Ehe eingehen kann, und solche, die man nicht heiraten darf (ES 16). Es geht also immer um die Ehe zwischen Personen, unter denen bereits eine verwandtschaftliche Beziehung besteht.

Vor dem Hintergrund seiner Grundannahmen versucht Lévi-Strauss, das gesamte Feld der Verwandtschaft von Denkprinzipien her zu erklären. Er verfällt dabei allerdings nicht einem naiven psychischen Determinismus. So verwendet er soziale Ungleichheit zwischen Mann und Frau als Grundvariable in der Erklärung von Heiratsformen: Frauen sind Tauschobjekte zwischen Männern. Bezeichnend für seine Sichtweise ist ferner, daß er Ehebeziehungen als eine Sprache analysiert und Abstammungslinien nicht für ein Grundprinzip von Verwandtschaftsordnungen hält. Er bezeichnet es als die Illusion der traditionellen Soziologie, daß sie den Abstammungslinien Bedeutung beimißt (SA II 99 ff.). Für ihn steht der ganze Komplex der Tauschbeziehungen im

Mittelpunkt. Hierbei ist das Bruder-Schwester-Verhältnis essentiell. Lévi-Strauss hält die Familie darum auch nicht für die Grundeinheit in Verwandtschaftssystemen. Sein Verwandtschaftsatom besteht aus Vater, Mutter, Kind und dem Bruder der Mutter. Jede Familie ist ja angewiesen auf Außenbeziehungen: Das Inzestverbot impliziert die inhärente Präsenz der Gruppe, die die Frau abgetreten hat. Diese Brautgeber-Gruppe wird normalerweise repräsentiert durch den Bruder der Frau, der darum auch zur elementaren Verwandtschaftseinheit gehört. Damit ist Lévi-Strauss zum Vater des sog. Allianzansatzes in der Anthropologie geworden.

Formal geht es in Lévi-Strauss' zentraler Verwandtschaftsstudie *Die elementaren Strukturen der Verwandtschaft* um die elementaren Strukturen, die aus dem Verwandtschaftsatom hervorgehen. Im Kern geht seine Zielsetzung jedoch darüberhinaus: Er will zeigen, daß die Heirat ein Kommunikationsmittel zwischen Gruppen ist. Dies kommt nur viel deutlicher und direkter in den elementaren Strukturen zum Ausdruck. Hier erweist sich vor allem die Willkür der Inzestregel. Sie wird illustriert durch die Tatsache, daß einige Verwandte durchaus für heiratsfähig gehalten werden, während dies für andere nicht gilt, obwohl beide, biologisch gesehen, in einer gleichartigen Beziehung zu jemand anderem stehen können. Ein gutes Beispiel ist der Unterschied zwischen »Parallelcousins« (Kinder der Schwester der Mutter / des Bruders des Vaters) und »Kreuzcousins« (Kinder des Bruders der Mutter / der Schwester des Vaters). In vielen Gesellschaften werden »Parallelcousins« als Brüder und Schwestern klassifiziert, zwischen denen die Heirat verboten ist, während man im Gegensatz dazu »Kreuzcousins« als zukünftige Eheleute bevorzugt. Es geht um eine klare Aufspaltung sozialer und künstlicher Natur.

Die Kombination zwischen der Allgemeingültigkeit des Inzestverbots an sich und der großen Unterschiedlichkeit seines jeweiligen Inhalts wirft die Frage auf, wie sich die menschliche Natur in der Kultur manifestiert. Hier deutet sich seine These, daß Verwandtschaft als Sprache analysiert werden kann, wieder an. Das Paradigma der Sprache bietet zwei Ausgangspunkte. Neben der Kommunikation, dem Zweck der Sprache, gibt es die unbewußte Regel, die die Grundlage der Sprache bildet. Auf der Grundlage der Analogie mit der Sprache geht Lévi-Strauss davon aus, daß die diversen Heiratsformen und -verbotsregeln ein gemeinsames Fundament in bestimmten Strukturen des menschlichen Geistes haben. Er stellt drei mentale Strukturen fest (ES 148).

1. Die Existenz der Regel als Regel. Der Mensch gibt sich immer Regeln, um Ordnung in das ihn umgebende Chaos zu bringen. Regellosigkeit ist für Menschen unerträglich. Lévi-Strauss unterstreicht die psychische und vor allem die kognitive Notwendigkeit, die Welt zu ordnen. Er hätte übrigens ebenso gut auf die soziale Notwendigkeit verweisen können, Regeln als gemeinsamen Bezugsrahmen einzuführen, der das soziale Leben reguliert und das Individuum in seinem Bedürfnis nach einer »ordentlichen« Welt stützt.

2. Das Prinzip der Reziprozität, der einzig möglichen allgemeinen Regel für zwischenmenschlichen Interaktion.

3. Der verbindende Charakter des Geschenks, eine Art der Übertragung eines Objekts von der einen auf die andere Person, die dem Objekt einen neuen Wert verleiht.

Von diesen drei mentalen Prinzipien wurde die Existenz der Regel als Regel von Lévi-Strauss nicht näher ausgearbeitet, während der verbindende Charakter des Geschenks offensichtlich eine Ableitung vom Prinzip der Reziprozität ist. Letzteres hat einen zentralen Stellenwert in Lévi-Strauss' Verwandtschaftsstudien. Die im menschlichen Geist verwurzelte Reziprozität stellt sogar den Eckpfeiler seines Ansatzes dar und ist der Ausgangspunkt seiner gesamten Analyse der Verwandtschafts- und Heiratssysteme. Das Reziprozitätsprinzip als treibende Kraft im Denken und Handeln des Menschen wirkt in Lévi-Strauss' Analyse nicht nur auf der

Ebene des Bewußten, sondern zugleich auf der des Unbewußten.[51] Reziprozität ist nicht nur eine allgemeine, mehr
oder weniger bewußte Regel im zwischenmenschlichen Umgang, sondern auch ein inhärentes Merkmal des in Oppositionen denkenden menschlichen Geistes, der in der überall
gegenwärtigen Dualität nach Einheit sucht.

Reziprozität als unbewußte Denkstruktur wird auch zum
Prinzip der Kommunikation erhoben. Deshalb wird Kommunikation als Austausch von Worten interpretiert. Diesen
Austausch von Worten sieht Lévi-Strauss in Analogie zum
Gütertausch, zum Tausch von Werten. In diesem Rahmen
spielt der verbindende Charakter des Geschenks als Ableitung vom Reziprozitätsprinzip eine Rolle. Dabei geht es nicht
so sehr um den Wert der ausgetauschten Güter als vielmehr
um die sozialen Folgen des Geschenketauschs. Der Tausch
schafft und pflegt soziale Beziehungen; ein Geschenk verpflichtet nämlich zur Entgegennahme und Erwiderung; es
macht aus Parteien Partner.

Das wertvollste Tauschobjekt ist die Frau. Sie soll Kommunikation mit anderen sowie Integration von Gruppen
zuwege bringen. Frauen sind ebenso wie sprachliche Äußerungen Kommunikationsmittel. Lévi-Strauss geht davon aus,
daß »Verwandtschafts- und Heiratsregeln ... dazu (dienen),
den Austausch der Frauen zwischen den Gruppen zu sichern,
wie die ökonomischen Regeln den Austausch von Gütern
und Dienstleistungen und die Sprachregelung die Nachrichtenübermittlung garantieren« (SA I 97). Lévi-Strauss ist der
Ansicht, daß die unbewußte Notwendigkeit von und das
bewußte Bedürfnis nach Kommunikation dazu führt, daß
Tausch in allen Heiratssystemen der Grundfaktor ist: »Welche Form er auch annimmt, eine direkte oder indirekte, eine
allgemeine oder spezielle, eine unmittelbare oder aufgescho-
bene, eine explizite oder implizite, geschlossene oder offene,
konkrete oder symbolische Form – es ist der Tausch und
immer wieder der Tausch, der als die fundamentale und
gemeinsame Basis aller Modalitäten der Institution der Ehe

hervortritt.« (ES 639 f.) Er sieht allerdings die Kommunikation als einen Ausdruck des im menschlichen Geist verwurzelten Reziprozitätsprinzips, so daß letztlich der Ehetausch eine Folge des Reziprozitätsprinzips ist. Es ist nun klar, warum das Inzestverbot für Lévi-Strauss so essentiell ist. Das Inzestverbot bildet den Eckpfeiler, das Fundament der Kultur. »Es ist der grundlegende Schritt, dank dem, durch den und vor allem in dem sich der Übergang von der Natur zur Kultur vollzieht … Das Inzestverbot ist das Verfahren, mit dem die Natur sich selbst überwindet … Es zeitigt und ist selbst die Heraufkunft einer neuen Ordnung.« (ES 73 f.) Die eigentliche Bedeutung des Inzestverbots besteht darin, daß es die Erfüllung einer der wichtigsten Funktionen von Kultur ermöglicht: Es erhöht nämlich die biologischen und sozialen Überlebenschancen von Individuum und Gruppe. Das Inzestverbot bringt die Notwendigkeit zum Ausdruck, Beziehungen mit anderen einzugehen. Inzest ist eine negative Kommunikation, weil die Existenz des Anderen negiert wird. Inzest ist deshalb auch sozial absurd und folglich zugleich moralisch verwerflich (ES 642).

Das Inzestverbot und dessen Erweiterung zur Exogamieregel sind Reziprozitätsregeln. Das Verbot wird lediglich eingeführt, um direkt oder indirekt einen Austausch zu garantieren oder zu etablieren. Das Inzestverbot ist primär kein Verbot, bestimmte Verwandte zu heiraten, sondern eher ein Gebot, diese an andere zu vergeben. Indem ein Mann seine Schwester oder Tochter anderen Männern zur Verfügung stellt, erhält er die Möglichkeit und das Recht, über deren Schwestern und Töchter zu verfügen. Indem die Männer untereinander Frauen tauschen, werden sie von Parteien zu Partnern, mit allen positiven Folgen, die dies für die Überlebenschancen hat. Es ermöglicht soziale Beziehungen zwischen verschiedenen Individuen und Gruppen und macht aus Fremden Angehörige. »Vom allgemeinsten Standpunkt aus ist das Inzestverbot der Ausdruck für den Übergang von der natürlichen Tatsache der Konsanguinität zur kulturellen Tatsache der Allianz.« (ES 78) Das Inzestverbot reguliert jedoch nicht nur sexuelle Beziehungen, sondern auch die Verteilung essentieller Werte im allgemeinen. Ist der Austausch von Frauen einmal zustandegekommen, dann ist dadurch ein Weg geebnet, der auch für den Austausch anderer Güter und Dienstleistungen benutzt werden kann. Man sollte genau realisieren, so sagt Lévi-Strauss, daß die Ehe Bestandteil eines komplexen Güteraustausches ist (ES 124 f.). Sie gehört zu einer *totalen Leistung.* Unter den Gütern nehmen die Frauen allerdings eine privilegierte Stellung ein: Sie sind die wertvollsten knappen Güter, die man darum auch nur gegeneinander tauschen kann.

Die Hauptschlußfolgerung, die man aus den Verwandtschaftsstudien ziehen kann, ist eindeutig: Hinter scheinbarer Willkür verbirgt sich Ordnung, eine Ordnung, die hervorgeht aus der Natur des Menschen. Um dies zu bestätigen und zu unterstreichen, verlagert Lévi-Strauss sein Interesse von der sozialen Ordnung auf die Klassifizierung und die Mythologie. In diesem Zusammenhang bezieht er auch sehr explizit und direkt den modernen westlichen Menschen in seine Betrachtungen ein, u. a. indem er mit Sartre eine Diskussion über die Bedeutung des historischen Bewußtseins und das diesem eigentümliche Fortschrittsdenken aufnimmt.

Klassifizierung

In den beiden zentralen Studien über Klassifizierung, *Das Ende des Totemismus* und *Das wilde Denken* (beide 1962 erschienen), zeigt Lévi-Strauss, daß Klassifizierungen, die auf den ersten Blick bizarr wirken – sowie darin festgelegte Zusammenhänge zwischen Phänomenen –, sich bei genauerer Analyse als absolut logisch erweisen. Voraussetzung ist allerdings, daß man ausgeht von dem, was er als die Logik des Sinnlichen bezeichnet. Dabei werden Dinge nicht durch formale, abstrakte Größen definiert und klassifiziert, sondern anhand sinnlich wahrnehmbarer Merkmale. Ein Beispiel möge dies verdeutlichen.

Bei den Luapula, einem Stamm in Sambia, sind die Verwandtschaftsgruppen (Clans) auf verschiedene Weise miteinander verbunden. Jeder Clan hat seinen eigenen Namen und einen klar umrissenen Katalog von Rechten und Pflichten gegenüber anderen Clans. So sind der Leopardenclan und der Ziegenclan miteinander assoziiert, weil der eine den anderen auffrißt; der Brei- und der Ziegenclan sind verbunden, weil die Luapula zum Brei gerne Fleisch essen; der Elefanten- und der Lehmclan haben eine Beziehung, weil die Frauen früher, anstatt Behälter mit den Händen zu formen, die Abdrücke von Elefantenfüßen aus dem Boden gruben und diese natürlichen Formen als Behälter verwendeten; und schließlich ist der Eisenclan mit allen Tierclans assoziiert, weil Tiere mit Eisen getötet werden. Aufgrund solcher Herleitungen und Assoziationen kann man auch zu einer Hierarchie von Clans kommen: Der Leopard steht über der Ziege (die eine ist die Beute des anderen), das Eisen steht über den Tieren, und der Regenclan steht wiederum über dem Eisenclan, denn Regen läßt Eisen rosten. Ferner ist der Regenclan allen anderen Clans überlegen, weil die Tiere ohne Regen vor Hunger und Durst sterben würden und es nicht möglich wäre, seinen Brei (Name eines Clans), seine Töpferware (auch Name eines Clans) etc. herzustellen (WD 78). Angesichts der verborgenen Logik behauptet Lévi-Strauss, daß man diese Art von Klassifizierungen nicht als Ausdruck einer magischen, prälogischen Mentalität, sondern als eine bestimmte Form von Wissenschaft betrachten muß. Diese Wissenschaft des Konkreten oder Greifbaren unterscheidet sich von der modernen Wissenschaft nicht so sehr in ihrer Art als vielmehr in dem Typus von Erscheinungen, denen sie sich widmet: Der Unterschied hängt zusammen mit der Tatsache, daß »beide (Arten wissenschaftlichen Denkens) Funktion nicht etwa ungleicher Stadien der Entwicklung des menschlichen Geistes, sondern zweier strategischer Ebenen sind, auf denen die Natur mittels wissenschaftlicher Erkenntnis angegangen werden kann, wobei die eine grob gesagt, der Sphäre der Wahrnehmung und der Einbildungskraft angepaßt, die andere von ihr losgelöst wäre ...« (WD 27).

Lévi-Strauss untermauert dies mit zwei Begriffen: dem *Bastler* und dem *Gelehrten*. Der Bastler ist jemand, der aus bereits gebrauchten Materialien etwas Neues herstellt. Diese Materialien eignen sich für verschiedene Dinge, aber sie haben eine Vergangenheit, durch die sie z. T. die Merkmale der vorherigen Verwendung bewahren. Die Möglichkeiten sind von vornherein begrenzt durch die spezifische Art jedes einzelnen Gegenstands, durch den Zweck, für den er ursprünglich entworfen wurde, oder durch die Veränderungen, die er dadurch erfahren hat, daß er bereits auf eine andere Weise verwendet wurde (WD 31 f.). Der Vorrat an Materialien und Werkzeugen, den der Bastler zu einem bestimmten Zeitpunkt zur Verfügung hat, beschränkt zugleich die Möglichkeiten, etwas Neues herzustellen. Sein Ausgangspunkt ist nämlich, sich immer mit den Mitteln zu behelfen, die er hat. Er muß sich mit den vorhandenen Geräten und Materialien begnügen.

Das wilde Denken ähnelt diesem Basteln. Die Wissenschaft des Konkreten läßt sich ebenso wie das Basteln auf eine neue Anordnung bekannter und bereits gebrauchter Elemente zurückführen. Es findet eine unablässige Rekonstruktion mit Hilfe desselben Materials statt, wobei das, was früher Zweck war, nun die Rolle des Mittels einnehmen kann. Lévi-Strauss ist hier offensichtlich von dem amerikanischen Anthropologen Franz Boas inspiriert[44], auf den er im übrigen auch verweist: »Man könnte meinen, die mythologischen Welten seien dazu bestimmt, eingerissen zu werden, kaum daß sie sich gebildet haben, damit neue Welten aus ihren Fragmenten entstehen.« (WD 34)

Der Gelehrte geht vollkommen anders vor. Er macht einen Entwurf, der nicht bestimmt oder begrenzt wird durch die Elemente – Material und Werkzeug –, über die er bereits verfügt. Er verwendet neue Teile, die er eigens zu diesem Zweck anfertigt oder anfertigen läßt. Diese haben also keine Geschichte. Der Gelehrte geht bei den Ereignissen, die er verrichtet, von einem Plan – Struktur – aus, während der Bastler – ausgehend von dem, was gerade da ist – eine Struktur aufbaut (WD 35 f.).

Die Klassifizierungen des Bastlers und die des Gelehrten bewegen sich auf unterschiedlicher Ebene. Dadurch entsteht der Anschein, als ob die Klassifizierungen des Bastlers unlogisch seien, was jedoch nicht der Fall ist. Beide sind bewußte, komplexe und zusammenhängende Klassifikationssysteme. Die Logik der modernen Wissenschaft beruht auf formalen Kontrasten zwischen völlig abstrakten Größen, während die Logik der Wissenschaft des Konkreten auf wahrgenommenen Kontrasten zwischen konkreten Größen, beispielsweise zwischen roh und gekocht oder zwischen männlich und weiblich, basiert. Weil sich diese Logik auf unmittelbare Wahrnehmung gründet, sind für das Entdecken dieser Logik in vielen Fällen umfassende Kenntnisse der Pflanzen- und Tierwelt unentbehrlich, innerhalb deren ein solches Klassifikationssystem einer bestimmten Gruppe funktioniert.

Lévi-Strauss sieht Parallelen zwischen der Wissenschaft des Konkreten und dem Kaleidoskop. Beide benutzen nicht nur Material, das schon früher gebraucht wurde – was das Kaleidoskop betrifft, enthalten diese Glasscherben –, sondern beide schaffen auch mit Hilfe wechselnder Kombinationen aus bestehenden Elementen immer neue Formen.

Diese Perspektive hat zu einer neuen Sicht eines klassischen Themas der Anthropologie geführt: des Totemismus. Der Totemismus wurde lange definiert als der Glaube daran, daß Individuen und Gruppen von bestimmten Pflanzen und Tieren abstammen, oder als eine Art und Weise, um durch die Verehrung bestimmter Pflanzen und Tiere die Existenzunsicherheit, die für Gesellschaften auf einem niedrigen technologischen Niveau so charakteristisch ist, zu reduzieren. Als Teil eines magisch-religiösen Weltbildes ist er ein Mittel, um

Einfluß auf eine Welt nehmen zu können, deren Lauf nicht vorhersehbar ist, vor allem auf jenen Gebieten, wo Überleben von eminenter Bedeutung ist, aber große Unsicherheit herrscht. Indem man die Pflanzen und Tiere, die für den Fortbestand der Gruppe wichtig sind (die sich mit anderen Worten gut zum Verzehr eignen), in Ritualen verehrt, könne man Einfluß auf die Natur nehmen. Lévi-Strauss verwirft diese evolutionistisch bzw. funktionalistisch gefärbten Erklärungen. Auch Primitive verwechseln nicht biologische Herkunft mit einem symbolischen Verhältnis. Sie wissen nur zu gut, daß sie nicht aus Tieren und Pflanzen hervorgegangen sind. Der Totemismus ist auch kein Mechanismus zur Manipulation der Umwelt. Tiere und Pflanzen werden für Klassifizierungen bevorzugt, weil sie das Mitdenken anregen und nicht weil sie sich zum Essen eignen (keine *choses bonnes à manger,* sondern *choses bonnes à penser*). Totemismus ist mit anderen Worten die Art und Weise, wie eine Gemeinschaft von Menschen ihrer internen Einteilung, ihrer Gliederung in Untergruppen, Gestalt gibt. Im Totemismus werden homologe, gleichförmige Verbindungen zwischen Natur und Kultur gelegt. Übereinstimmungen und Unterschiede, die auf der Ebene der Natur gefunden werden, benutzt man, um damit soziale Verhältnisse verständlich zu machen.

Der Moiety-Totemismus der Stämme am Darling River in New South Wales (Australien) zeigt dies deutlich. Dieser Moiety-Totemismus kennt zwei Totems: die Krähe und den Adler. Diese Stämme drücken damit nicht die Identität des einen Moiety (= Stammeshälfte) mit der Krähe und die des anderen mit dem Adler aus, sondern sie geben damit zu verstehen, daß sich die Moieties auf dieselbe Weise voneinander unterscheiden wie die beiden Tierarten. Adler und Krähe sind beide Fleischfresser, aber der Adler macht Jagd auf lebende Beute und folgt den Menschen bei der Jagd, während die Krähe Aasfleisch bevorzugt und die Menschen in ihren Lagern aufsucht. Eine wichtige Übereinstimmung (beide Vogelarten sind Fleischfresser) und ein fundamentaler Unterschied (der Adler macht Jagd auf lebende, die Krähe auf tote Beute) haben es ermöglicht, die beiden Tiere als Symbole der Stammeshälften fungieren zu lassen. Diese Stammeshälften sind einander so ähnlich und zugleich so verschieden wie die beiden Totemtiere. Der eine Moiety ist nämlich die aktive, kriegführende Partei und wird mit dem Adler assoziiert, während der andere die passive, häusliche Partei darstellt, die mit der Krähe verbunden wird. Kurzum, der Totemismus ist eine erdachte, konstruierte Beziehung zwischen zwei Mengen von Phänomenen: die eine der Natur entnommen, die andere der Kultur. Die Naturmenge enthält Gattungen und Exemplare (z. B. von Tieren oder Pflanzen), die Kulturmenge Gruppen und Personen. Diese beiden Mengen kann man in einer Vergleichstabelle anordnen:

Natur	Gattung	Gattung	Exemplar	Exemplar
Kultur	Gruppe	Person	Person	Gruppe

Lévi-Strauss fügt dem noch hinzu, daß sich Anthropologen infolge der verkehrten Methode, mit der sie sich das Problem stellen und sich ihm nähern, zu Unrecht hauptsächlich auf die Kombinationen Gattung-Gruppe und Gattung-Person beschränkt haben. Für die Kombinationen Exemplar-Person und Exemplar-Gruppe lassen sich jedoch auch Beispiele finden.

Mythologie

Auf dem Gebiet der Mythologie ist Lévi-Strauss' strukturalistisches Programm am schönsten zur Entfaltung gekommen. Vor allem die vier Teile der *Mythologica* sind exemplarisch für seine Perspektive. Auch hier versucht er – ebenso wie in den Studien über Verwandtschaft und Klassifizierung – hinter die Technik des Denkens zu kommen, indem er allerlei Fassungen und Varianten von Mythen miteinander vergleicht. Im kollektiven Denken der Mythologie – ein Mythos hat ja keinen individuellen Autor und hat im Laufe der Zeit einen mehr oder weniger standardisierten Inhalt erworben – präsentiert sich ein ausgezeichnetes Objekt, um dem System unbewußter Regeln auf die Spur zu kommen. Mythen sind soziale Fakten, die man als Endprodukte des Denkens untersuchen kann. Für Lévi-Strauss ist die wesentliche Frage in bezug auf die vergleichende Mythen-Analyse, ob die Überlieferung von der einen Gruppe und Generation auf die andere – jede Gruppe und Generation verarbeitet ja die Teile und Bruchstücke der Mythologie anderer Generationen und Gruppen – eine bestimmte Gesetzmäßigkeit an den Tag bringt. Er sagt, daß es darum geht, »wie sich die Mythen in den Menschen ohne deren Wissen denken« oder wie sich die Mythen »untereinander denken« (My I 26). Mit diesen kryptischen Aussagen meint Lévi-Strauss, daß er sich für die Frage interessiert, welche unbewußt funktionierenden Denkprozesse sich aus dem Übernahmeprozeß ergeben. Er versucht also, einer »Grammatik« der Mythen auf die Spur zu kommen. Da Lévi-Strauss auf der Suche nach der verdeckten Grammatik der Mythen ist, verlagert sich der Akzent in dem Mythenvergleich auf die formalen Aspekte. Er hält Mythen für wechselseitige Transformationen. Um die Prinzipien dieser Transformationen – und damit die des unbewußten Funktionierens des menschlichen Gehirns – zu ermitteln, darf man nicht haltmachen bei dem Vergleich der diversen Elemente in Mythen. Man muß die Beziehungen zwischen den verschiedenen Elementen zum Ausgangspunkt nehmen und der Frage nachgehen, ob diese Beziehungen bestimmten Gesetzmäßigkeiten unterliegen.

Lévi-Strauss analysiert übrigens nicht ausschließlich die verdeckte Grammatik, um eine Vorstellung von den Denkgesetzen, der *Architektur des Geistes,* zu bekommen; er will auch wissen, welche Botschaften in den Mythen ausgedrückt werden. In allgemeinen Termini charakterisiert Lévi-Strauss die Mythen als eine Erzählung, in der erlebte Probleme mündlich von einer Generation an die andere weitergegeben werden. Dabei treten Veränderungen auf. Jeder Erzähler schafft in gewissem Sinne seine eigene Variante. Einzelne Elemente fallen bei der mündlichen Überlieferung weg, andere Elemente entstehen, während einzelne Sequenzen umgedreht werden (My IV 793). Zweierlei Einflüsse spielen in diesem Verformungsprozeß eine große Rolle. Zunächst paßt sich eine neue Version an bereits bekannte und bestehende Mythen an und wird in ein ganzes System eingebaut. Außerdem verändert sich ein Mythos im Zuge des Adaptionsprozesses durch Anpassung an eine veränderte Umweltsituation. So kann eine bestimmte Tierart fehlen, so daß in dem übernommenen Mythos eine andere Tierart in den Vordergrund tritt. Es ist auch möglich, daß nicht die gesamte Erzählung, sondern nur ein Teil übernommen wird. Eine bestimmte Version kann in diesem Prozeß sogar zu einer Umkehr einer anderen Version des Mythos werden. Das »Sprechen« wird umgewandelt in »Widersprechen« (My IV 755). Oftmals finden diese Anpassungen völlig unbemerkt statt. Durch den Mythos bringt der Mensch intellektuelle Paradoxien und damit verbundene tiefgreifende soziale Konflikte zur Sprache. Die Mythen sind ein Mittel, um unliebsame und unauflösbare logische Gegensätze und soziale Probleme auszudrücken (My I 16). Obwohl diese Konflikte nicht lösbar sind, werden sie doch durch die Erörterung im Mythos, bei der häufig immer wieder Alternativen zur Sprache kommen, mehr oder weniger akzeptabel gemacht. Der Mythos ist darum auch – trotz der Tatsache, daß er in der Vergangenheit spielt – für die Gegenwart unmittelbar relevant. Er aktualisiert die Gegenwart durch die Vergangenheit. Dieser Aspekt hat vor allem Konsequenzen für die Methode, der man in der Analyse der Mythen folgen muß. In Anbetracht der Zeitlosigkeit des Mythos ist eine spezifische Analysetechnik notwendig, die den Gegensatz Gleichzeitigkeit-Nacheinander (Synchronie-

Diachronie) überbrückt. Lévi-Strauss glaubt, diese in seiner strukturalistischen Analyse gefunden zu haben.

Die Umschreibung des Mythos als ein Mechanismus, mit dem diverse (psycho- und sozio-)logische Probleme zur Sprache gebracht werden, hat auch Folgen für die Sicht der Beziehung zwischen dem Inhalt eines Mythos und der ethnographischen Realität. Man kann den Mythos nicht bloß als eine Widerspiegelung der ethnographischen Realität (der Empirie) oder als eine *charter* für das Handeln auffassen. Er ist gleichermaßen eine Kritik an bestehenden Umständen und eine Erörterung möglicher Alternativen. In bestimmten Punkten weicht der Mythos von der alltäglichen Realität ab, um zu beweisen, daß das bestehende System trotz Unzulänglichkeiten, Gegensätzen, Widersprüchen und Konflikten nicht leicht zu ersetzen oder zu verbessern ist (SA II 201). Vor allem liegt dann im Mythos eine Umkehrung, ein Kontrapunkt in Hinblick auf die konkrete, ethnographische Realität vor, wenn der Mythos eine sog. negative – d. h. eine unakzeptable oder bedauernswerte – Wahrheit zum Ausdruck bringt. Lévi-Strauss weist darum auch auf das dialektische Verhältnis zwischen Mythos und Empirie hin.

In Lévi-Strauss' Reflexion und Bearbeitung dieser Charakteristika des Mythos kann man eine bestimmte Einteilung in Phasen erkennen. In der ersten Phase steht die Entwicklung einer Analysemethode im Mittelpunkt, die den spezifischen Eigenschaften des Mythos – vor allem seiner Zeitlosigkeit – gerecht wird. In dieser Periode erscheint der Aufsatz »The Structural Study of Myth« (1955). In der zweiten Phase widmet sich Lévi-Strauss vor allem der Beziehung zwischen dem Mythos und der ethnographischen Realität. Der Mythos wird mit dem Lebensstil und der ökologischen Situation einer bestimmten Gruppe in Zusammenhang gestellt. Innerhalb desselben, geographisch abgesteckten Kulturgebiets werden verschiedene Fassungen eines Mythos miteinander verglichen. Das Beispiel dafür ist der Asdiwal-Mythos (SA I). In der dritten Phase zielt die Abhandlung sichtlich und fast ausschließlich darauf, einen internen Zusammenhang, namentlich die Transformationsbeziehungen, zwischen verschiedenen Mythos-Varianten zu finden. Lévi-Strauss' Ziel der Untersuchung ist es, die interne Logik nicht eines einzelnen Mythos, sondern eines ganzen Systems von Mythen freizulegen. Die *Mythologica* (1964, 1966, 1968, 1971; vgl. auch *Der Weg der Masken*, 1975, und *Die eifersüchtige Töpferin*, 1985, als neuere Veröffentlichungen aus dieser Perspektive) sind das Ergebnis dieser Forschungsphase. In den *Mythologica* analysiert er gut 800 Mythen des amerikanischen Kontinents, die alle dasselbe Grundthema haben: den Übergang von der Natur zur Kultur, dem vor allem in Form des Kampfes des Menschen mit dem Himmel um den Besitz des Feuers Gestalt gegeben wird. Dieses Feuer ist für den Menschen unentbehrlich, sowohl um den Boden urbar zu machen und zu bearbeiten als auch um Nahrung zuzubereiten.

Jede Variante oder Fassung eines Mythos besteht Lévi-Strauss zufolge aus einigen Mythemen, den kleinsten Einheiten der Mythen. Diese Mythem-Ebene fehlt in der normalen Sprache. Mytheme kann man nur auf der Ebene ihres Sinnes ausfindig machen. Dafür muß man einer besonderen Analysetechnik folgen. Zunächst muß man jeden Mythos einzeln analysieren, wobei man die Erzählung in Mytheme zerlegt. Jedes Mythem gibt eine Beziehung wieder (z. B. Sohn tötet Vater: Ödipus tötet Laios). Es geht also nicht um Elemente, sondern um Beziehungen zwischen Elementen, die sich in den Mythen darstellen. Man muß jedoch noch einen Schritt weitergehen. Nicht einzelne Mytheme, sondern Bündel von Mythemen, d. h. solche Mytheme, die einen gemeinsamen Aspekt haben, müssen analysiert werden. Die wirklichen Komponenten eines Mythos sind nicht die isolierten Beziehungen, sondern Beziehungsbündel, und nur in Kombination können sie ihre Funktion erfüllen, die darin besteht, daß sie diesen Mythemen Bedeutung verleihen (SA I 232). Dies hängt mit der Tatsache zusammen, daß ein Mythem nur das Ereignis wiedergibt; es ist eine Episode. Um hinter die Struktur des Mythos zu kommen, müssen jedoch ähnliche Episoden miteinander verglichen werden. Dieses mehrmalige Wiederkehren derselben Art von Beziehungen im Mythos soll dafür sorgen, daß die Botschaft, die ein Mythos in einem bestimmten Code vermittelt, klar und deutlich ankommt (SA I 253). Zunächst müssen also alle Mytheme der gleichen Art untersucht werden, ehe man zu einer neuen Art übergehen kann. Die nicht-umkehrbare Zeit, die in der chronologischen Abfolge der Mytheme vorgegeben ist, wird dadurch in eine umkehrbare Zeit umgewandelt. Durch die Aufhebung eines Stücks Diachronie – des Geschehens – gewinnt man an Synchronie: Struktur. Lévi-Strauss spricht in dem Zusammenhang von der Zeitlosigkeit des Mythos.

Lévi-Strauss hat eine bestimmte Darstellungsweise für seine Analysetechnik entwickelt. Jedes Mythem wird in eine zweidimensionale Matrix eingeordnet. In die Spalten dieser Matrix werden die Mytheme mit einem gemeinsamen Merkmal eingetragen und in die Reihen die unterschiedlichen Mytheme in der Abfolge ihres Vorkommens im Mythos, also in der Zeit. Dieses Schema hat die Struktur einer Musikpartitur. Nachdem man eine Variante eines Mythos einzeln analysiert hat, muß dasselbe Verfahren – also Zerlegen in Mytheme, Sortieren in Bündel und Erstellen einer Matrix – auf andere bekannte Fassungen und Varianten angewandt werden. Danach kann man, indem man die Matrizen hintereinander legt, die verschiedenen Schemata miteinander vergleichen (SA I 240).

Um einen Einblick in die Zerlegung von Mythen zu bekommen, kann man Lévi-Strauss' Analyse des Ödipusmythos verwenden. Der Ödipusmythos besteht aus einer Reihe von Mythemen. Lévi-Strauss gruppiert diese in vier Bündel, die er danach in vier Spalten wiedergibt (SA I 235). Das erste Bündel besteht aus drei Mythemen, nämlich: Kadmos sucht seine Schwester Europa, die von Zeus entführt wurde; Ödipus heiratet seine Mutter Jokaste; Antigone begräbt ihren Bruder Polyneikes trotz des Verbots. Dieses Bündel bildet eine Spalte, die die Überbewertung der Blutsverwandtschaft andeutet. Das zweite Bündel zeigt demgegenüber die Unterbewertung der Blutsverwandtschaft. Auch diese Spalte besteht aus drei Mythemen: die Spartaner töten einander; Ödipus tötet seinen Vater Laios; Eteokles tötet seinen Bruder Polyneikes. Die Mytheme der dritten Spalte: Kadmos tötet den Drachen; Ödipus bringt die Sphinx um. Die vierte Spalte schließlich besteht aus drei Namen: Labdakos – der Vater des Laios – bedeutet lahm; Laios – der Vater von Ödipus – bedeutet linkshändig, Ödipus bedeutet geschwollener Fuß. Diese Namen verweisen auf Probleme beim Aufrechtgehen und beim Stehen (siehe S. 82).

Die dritte und die vierte Spalte stehen sich, ebenso wie die ersten beiden Spalten, gegenüber. Die Mytheme in Spalte drei deuten das Töten von Ungeheuern – Drachen und Sphinx (sog. chtonische Wesen) – an, die beide den Menschen bedrohen. Sie sind die Negation des autochthonen Ursprungs des Menschen, welcher der Erde entsprungen ist (SA I 236). In der vierten Spalte werden Schwierigkeiten beim Aufrechtgehen thematisiert. Nun ist es in der Mythologie Lévi-Strauss zufolge ein universelles Thema, daß Menschen – und chthonische Wesen –, die aus der Erde geschaffen werden, im Moment ihres Entstehens nicht oder kaum laufen können. Hieraus leitet Lévi-Strauss ab, daß das gemeinsame Merkmal der vierten Spalte gerade das Beharren auf der Autochthonie des Menschen ist (SA I 237). Der Gegensatz zwischen den Spalten drei und vier ist also der zwischen dem Töten chtonischer Wesen und der Identität mit ihnen. Lévi-Strauss geht dabei davon aus, daß Spalte eins sich zu Spalte zwei verhält wie Spalte drei zu Spalte vier bzw. a:b::c:d. Obwohl Lévi-Strauss die Analyse des Ödipus-Mythos an diesem Punkt beendet, kann man hier eigentlich nicht stehenbleiben, wie er selbst übrigens andeutet (SA I 239). Die Strukturanalyse muß im Prinzip alle bekannten Varianten und Fassungen in die Betrachtung einbeziehen.

Das Beispiel des Ödipusmythos verdeutlicht, daß Lévi-

Kadmos sucht seine von Zeus entführte Schwester Europa			
		Kadmos tötet den Drachen	
	Die Spartoi rotten sich gegenseitig aus		
			Labdakos (Vater von Laios) = »hinken« (?)
	Ödipus erschlägt seinen Vater Laios		Laios (Vater von Ödipus) = »linkisch« (?)
		Ödipus bringt die Sphinx um	
Ödipus heiratet Jokaste, seine Mutter			Ödipus = »geschwollener Fuß«?
	Eteokles tötet seinen Bruder Polyneikes		
Antigone beerdigt Polyneikes, ihren Bruder, und übertritt das Verbot			

Strauss annimmt, daß Mythen in Episoden und Ereignisse auseinanderfallen, die einen logischen Gegensatz – Natur versus Kultur, Leben versus Tod – zuspitzen oder abschwächen. Damit wird beabsichtigt, diesen Gegensatz zu überwinden oder zumindest akzeptabler zu machen.

Jedenfalls zeigt sich, daß nach Lévi-Strauss die Analyse von Mythen vergleichender Natur sein muß. Ein wichtiger Ausgangspunkt ist, daß jede Fassung oder Variante als gleichwertig betrachtet werden muß. Es ist falsch, nach einem Urtext zu suchen: Es gibt nicht die eine wahre Fassung, von der alle anderen lediglich Kopien oder Variationen sind. Jede Fassung gehört zum Mythos (SA I 239). Es ist nicht erforderlich, erst alle Fassungen zu sammeln, ehe man mit der Analyse beginnen kann. Lévi-Strauss zieht auch hier einen Vergleich mit der Sprachanalyse. Die Erfahrung hat gezeigt, daß ein Sprachforscher die Grammatik einer bestimmten Sprache anhand einiger weniger Sätze feststellen kann. Das gilt auch für die Mythologie (My I 19). Die Konsequenz aus dieser These ist, daß von einem empirischen Standpunkt aus jeder Mythos zugleich originär in Bezug auf sich selbst und derivativ in Bezug auf andere Mythen ist (My IV 755). Diese These ist von großer Tragweite für Lévi-Strauss' Arbeit. Sie gibt unmittelbar das zentrale Thema der strukturalen Analyse von Mythen des letzten Jahrzehnts wider: die Untersuchung der Mythen als zusammenhängende Transformationssysteme. Ein Mythos ist die Summe aller Fassungen. Keiner der Mythen steht für sich; jeder ist zugleich der Beweis für und das Mittel zur Verdeutlichung eines oder mehrerer anderer Mythen. Die Stellung eines Mythos innerhalb eines kohärenten Komplexes anderer Mythen bestimmt seine Bedeutung mehr als der ethnographische Kontext, in dem er steht.[45] Selbst Freuds Analyse des Ödipusmythos – die doch vor allem ein Interpretationsversuch ist – muß Lévi-Strauss zufolge ebenso als Variante angesehen werden wie die Fassung des Sophokles. Die Analyse bewegt sich also sozusagen horizontal und nicht vertikal von einer früheren zu einer späteren Variante.

Infolge des transformierenden Charakters des mythischen Denkens teilen sich die Themen ins Unendliche immer weiter auf (My I 17). Die Analyse des Mythos kann aus diesem Grund zu keinem definitiven Abschluß kommen: »Die Akte wird sich niemals schließen« (My I 16). Indem man einen Mythenkomplex untersucht – auch wenn es sich nicht um eine abgeschlossene Gruppe handelt –, kann man viel besser, als es anhand der Untersuchung eines Mythos (oder der Variante eines Mythos) möglich ist, Einblick in die verborgene Botschaft des Mythos bekommen.

Ehe man sich daran machen kann, sich mit einem Vergleich der diversen Varianten von Mythen zu beschäftigen, muß man sich fragen, an welchem Punkt man beginnt und welche Richtung man dann einschlägt. Im Grunde, so meint Lévi-Strauss, eignet sich jeder Mythos als Ausgangspunkt, als »Referenzmythos«, aber vorzuziehen ist ein Mythos mit vielen Anknüpfungspunkten, mit einem reichen Inhalt (My I 12). Das paßt natürlich gut zu der Ansicht, daß in dem gesamten Komplex als einem zusammenhängenden System keine älteren oder jüngeren Formen unterschieden werden können oder dürfen. Nur der synchronische Zusammenhang zählt, nicht die diachronische Entstehungsgeschichte.

Die Richtung, die bei der Analyse eingeschlagen wird, ist ebenfalls beliebig. Es tut im Prinzip nichts zur Sache, welcher Aspekt der Mythos-Variante als erster mit einem entsprechenden Aspekt anderer Mythos-Varianten verglichen wird. Danach gibt es allerdings keine Entscheidungsfreiheit mehr. Man muß die einmal eingeschlagene Richtung einhalten, weil man sich nicht auf allen Ebenen zugleich bewegen kann (My I 14). Von selbst kommt man dann Lévi-Strauss zufolge wieder auf den Referenzmythos zurück (My I 15), weil die Mythen spiralförmig miteinander verbunden sind und auf verschiedenen Ebenen ineinandergreifen (My I 15). Welchem Verfahren man folgt, wird einem, anders ausgedrückt, durch die Art des Mythos auferlegt. Man muß regelmäßig auf bereits behandelte Mythen zurückgreifen und noch zu behandelnden Mythen vorgreifen (My I 16).

Lévi-Strauss konzentriert sich in seiner Analyse auf drei

allgemeine Aspekte des Mythos: das Gerüst, den Code und die Botschaft. Das Gerüst bezieht sich auf die Kombination all jener Merkmale, die in zwei oder mehr Varianten eines Mythos identisch bleiben. Der Code ist das Muster von Funktionen und Aufgaben, das diesen Merkmalen in dem Mythos zugeschrieben wird. Der Code ist das Ausdrucksmittel, die Sprache, in der eine Botschaft abgefaßt ist. Die Botschaft schließlich ist der Inhalt oder die besondere Bedeutung des Mythos (My I 259).

Lévi-Strauss führt eigentlich nur Code und Botschaft weiter aus. Diese können in zwei oder mehr Mythen derselben oder verschiedener Populationen in vielfältigen Kombinationen vorkommen. Jede Variante kann allerdings verschiedene Codes gleichzeitig benutzen und auch mehr als eine Botschaft enthalten, was die Beziehungen zwischen Code und Botschaft kompliziert (My I 259; My II 133).

Zwischen den verschiedenen Mythos-Varianten bestehen vielfältige Querverbindungen. Diese Verbindungen der Mythen untereinander sind von entscheidender Bedeutung: Es sind die Beziehungen, die zwischen den konstituierenden Einheiten (den Mythemen) verschiedener Mythen bestehen. Um diese Beziehungen anzugeben, verwendet Lévi-Strauss die Begriffe Symmetrie, Inversion, Kongruenz, Äquivalenz, Homologie und Isomorphie.

Die Ebene des Vergleichs kann von Analyse zu Analyse eine andere sein. Der Vergleich kann sich auf isolierte Bestandteile innerhalb einer Mythos-Variante beziehen, es können aber auch zwei oder mehr vollständige Mythos-Varianten sein, die miteinander verglichen werden. Man kann sogar ganze Mythen-Systeme miteinander vergleichen. Jedes System verweist ja auf andere Systeme, die sowohl Einfluß auf dieses System ausüben als auch ihrerseits davon beeinflußt werden.

Diese verschiedenen Formen von Vergleichen können bei Lévi-Strauss drei Funktionen erfüllen. Als erstes kann durch einen Vergleich von Mythen bei verschiedenen Stämmen das semantische Feld, in dem ein bestimmter Begriff oder ein bestimmtes Element stehen, festgestellt werden. Durch Vergleich mehrerer Mythen kann man angeben, welche Bedeutungen und Funktionen bestimmten Tieren zugeschrieben werden und in welchem Beziehungsgeflecht diese Tiere untereinander stehen. Ferner können unverständliche Elemente eines Mythos durch Vergleich mit anderen Mythen verdeutlicht werden. In einem System von Beziehungen, in dem Verbindungen zwischen zahlreichen Mythen zutagetreten, bekommen verschiedene Details, die für sich gesehen Anomalien oder Unklarheiten darstellen, einen neuen Sinn und zugleich Wert als Beweisstücke für eine Kohärenz zwischen Mythen, die sie isoliert nicht haben können. Lévi-Strauss' Ausgangspunkt dabei ist, daß es legitim ist, einen nicht verständlichen oder nicht einzuordnenden Aspekt eines bestimmten Mythos vorläufig als Transformation eines homologen Aspektes eines anderen Mythos anzusehen (My I 27). Schließlich können durch Vergleiche die Übereinkünfte zwischen Mythen – in Lévi-Strauss' Terminologie die Isomorphiebeziehungen – entdeckt werden. Dies ist das eigentliche Ziel des Vergleichs. Lévi-Strauss will ja nachweisen, daß Mythen einer begrenzten Anzahl von Denkprinzipien unterliegen und deren Ausdruck darstellen.

Den Schlüssel zu dieser vergleichenden Mythenanalyse bildet der Unterschied zwischen paradigmatischen und syntagmatischen Beziehungen. Jeder Mythos (und jede seiner Varianten) ist eine Erzählung und als solche syntagmatisch. Der Mythos besteht aus einer bestimmten Abfolge von und Beziehung zwischen Ereignissen, die zusammen eine Kette bilden. Wenn man nur ein paar solcher Mythen nimmt und diese Ketten übereinander legt, zeigt sich, daß man darin auch ein paradigmatisches Muster entdecken kann. Man kann die Elemente und die Beziehungen zwischen diesen Elementen einer Gruppe von Mythen in bestimmte »Klassen« einordnen. Ein spezifischer Mythos ist eine bestimmte Wahl aus dem Inhalt dieser Klassen von Elementen und Beziehungen.

Die Klassen als solche stellen paradigmatische Reihen dar. Ein Beispiel, das Edmund Leach von Roland Barthes übernommen hat, möge dies verdeutlichen.[46]

A	B
Paradigmatische Reihe (in Barthes' Terminologie: System): mehrere Lebensmittel oder Speisen, die Ähnlichkeiten oder Unterschiede aufweisen und unter denen man ein Gericht mit Blick auf eine bestimmte Bedeutung auswählt – Zwischengerichte, Braten oder Desserts	Syntagmatische Kette (in Barthes' Terminologie: Syntagma): tatsächliche Reihenfolge von Gerichten, die für eine bestimmte Mahlzeit ausgewählt wurden – das ist das Menu

Die Speisekarte eines Restaurants – auf der in Spalten nebeneinander verschiedene Menus stehen – realisiert beide Ebenen; das horizontale Lesen etwa der Zwischengerichte korrespondiert mit dem System, das vertikale Lesen der Menus korrespondiert mit dem Syntagma.

Alle Varianten innerhalb einer Gruppe bilden logische Transformationen voneinander. Jede Gruppe wird gekennzeichnet durch feste Muster von Veränderungen in, Beziehungen zwischen und Funktionen von allerlei Elementen. Lévi-Strauss spricht sogar von Relationsgesetzen.

Diese vergleichende strukturale Analyse ermöglicht es auch, fundamentale logische Prozesse, die dem »mythischen Denken« zugrundeliegen, herauszufinden. Man sieht dann, daß zwei konträre Begriffe, zwischen denen es keine Vermittlung gibt, von zwei anderen Begriffen (mit gleichwertiger Bedeutung) ersetzt werden, für die dann doch ein vermittelnder Begriff möglich ist. So wird der Gegensatz Leben–Tod durch den äquivalenten Gegensatz Landwirtschaft–Kriegführung ersetzt; vermittelnder Begriff ist die Jagd. Diese Triade wird anschließend in zwei Dyaden aufgelöst: Landwirtschaft–Jagd bzw. Kriegführung–Jagd. Diese binären Oppositionen werden dann wiederum mit neuen Vermittlern versehen. Die pflanzenfressenden Tiere können z. B. eine Zwischenstellung in Bezug auf den Gegensatz Landwirtschaft–Jagd einnehmen (SA I 247). So entstehen Vermittler der ersten Ebene, der zweiten Ebene etc. Jeder Begriff erzeugt durch einen doppelten Prozeß von Opposition und Korrelation einen neuen Vermittler. Dieser hat infolgedessen immer eine gewisse Dualität und Ambiguität (SA I 249). Die Grundstruktur des Mythos als ein System binärer Oppositionen spiegelt also die fundamentalen Formen wider, in denen der Mensch denkt.

Eine Grundthese von Lévi-Strauss ist, daß der Mensch durch den Mythos intellektuelle Paradoxien und damit verbundene tiefgreifende soziale Konflikte zur Sprache bringt. Im Mythos versucht der Mensch, diese Paradoxien, die in verschiedenen Codes, Schemata oder Sprachen ausgedrückt werden, zu lösen oder wenigstens abzuschwächen. Sie sind letztlich ebenso wenig lösbar wie die sozialen Konflikte, aber sie werden dadurch, daß man Alternativen erörtert, akzeptabel gemacht. Der Mythos ist also kein Abbild der ethnographischen Realität, sondern eine Reflexionsform der Realität. In bestimmten Punkten weicht der Mythos von der Realität ab, um zu beweisen, daß das bestehende System, trotz Mängeln und Spannungen, nicht leicht zu verbessern oder zu ersetzen ist. Vor allem handelt es sich bei dem Mythos um eine Umkehrung, einen Kontrapunkt zur konkreten oder ethnographischen Realität, wenn der Mythos eine sog. negative Wahrheit ausdrückt. Mit negativer Wahrheit meint Lévi-Strauss eine unakzeptable oder bedauernswerte Wahrheit. »Gewiß besteht eine Beziehung des Mythos zur Realität, jedoch nicht in Form einer *Re-Präsentation*. Sie ist dialektischer Natur, und die in den Mythen beschriebenen Institutionen können das Gegenteil der realen Institutionen sein. Das ist sogar immer dann der Fall, wenn der Mythos eine negative Wahrheit auszudrücken trachtet.« (SA II 200) Ein anderer wesentlicher Punkt ist, daß der mythische Prozeß seinem Wesen nach transformierend ist, d. h. daß Mythen, wenn sie von einer anderen Generation oder Gruppe übernommen werden, immer Veränderungen erfahren. Wenn sich z. B. der topographische, soziale oder ökologische Kontext ändert, wodurch der Mythos schwer kommunikabel wird, können die darin enthaltenen Oppositionen abgemildert werden. Sie können in bestimmten Fällen sogar umgekehrt werden, wodurch der Mythos einen Teil seiner Präzision zurückerlangt. Eine wichtige Anwendung dieser Thesen findet man in der Analyse des Asdiwal-Mythos.

Einen groß angelegten Versuch, Mythen eines ganzen Kontinents als *eine* Gruppe von Transformationen darzustellen, findet sich in den vier Teilen der *Mythologica*. Lévi-Strauss hat die amerikanische Mythologie auch deshalb ausgewählt, weil diese Mythen ausgesprochen kompliziert sind.[47] Er analysiert 813 Mythen, die alle in einem gewissen Sinn und bis zu einem bestimmten Punkt direkt oder indirekt miteinander verflochten sind. Alle behandeln dasselbe Grundthema: den Übergang zwischen Natur und Kultur. Der Kampf des Menschen mit dem Himmel um den Besitz des Feuers, das für die Menschen sowohl für die Kultivierung und Bearbeitung des Bodens wie für die Zubereitung der Nahrung unentbehrlich ist, drückt diesen Übergang aus. Das zentrale Motiv des amerikanischen Mythensystems ist, daß es ursprünglich nur himmlisches Feuer gab. Der Mensch legte seine Nahrung – Fleisch – auf einen Stein, so daß die Sonnenstrahlen diese Nahrung erwärmten. Um diese Bindung mit dem himmlischen Feuer zu erhalten, stellte die primitive Menschheit die Verbindung von Himmel und Erde im Ritual dar. Vielleicht glaubte man sogar, daß eine solche Verbindung wirklich existierte. Diese prekäre kosmische Ordnung – wenn die Sonne sich zu weit entfernt, würde die Erde verwesen, und wenn die Sonne zu nahe ist, würde die Erde verbrennen – wurde durch die Zubereitung der Nahrung mit Hilfe des irdischen, kreativen Feuers gestört: »Die künftige Menschheit (erhält) das Küchenfeuer *im Tausch* gegen den Abbruch der Kommunikation, die einst zwischen Erde und Himmel bestand.« (My IV 729) Das Küchenfeuer wurde Vermittler zwischen Himmel und Erde. Obwohl es Eigenschaften des himmlischen Feuers hat, fehlen ihm die Gewalttätigkeit und die Exzesse, die letzterem eigen sind. Gleichzeitig bedeutet das Küchenfeuer eine Entfremdung zwischen Sonne und Erde: Die Nähe der Sonne ist nicht länger notwendig, um die Nahrung zu erwärmen. Die vermittelnde Funktion des Küchenfeuers zwischen Sonne und Menschheit hat in doppelter Hinsicht Bedeutung. Das Küchenfeuer verhindert sowohl eine totale Trennung als auch eine totale Verbindung. Es vereinigt Sonne und Erde, da es dieselben wärmenden Eigenschaften wie das himmlische Feuer (die Sonnenstrahlen) hat. Es bewahrt die Menschheit vor der »verwesten Welt«, die entstehen würde, wenn die Sonne tatsächlich verschwinden würde. Das Küchenfeuer kommt zugleich dem Risiko einer totalen Verbindung zwischen Sonne und Erde zuvor, einer Verbindung, die in einer »verbrannten Welt« enden würde (My I 376). Die beiden Arten von Feuer – das destruktive himmlische Feuer und das kreative irdische Feuer – stehen in Beziehung zu zwei Arten von Wasser: dem kreativen Wasser himmlischen Ursprungs und dem destruktiven Wasser der Erde (My I 247). Lévi-Strauss weist allerdings selbst darauf hin, daß die Situation kompliziert ist und diverse Umkehrungen auftreten können. So handeln in diesem »Küchenfeuer-Mythensystem« viele der besprochenen Mythen direkter oder jedenfalls expliziter vom Wasser als vom Feuer. Sogar in dem von Lévi-Strauss ausgewählten Ausgangs- oder Referenzmythos steht nichts über die Sonne und sehr wenig über das Feuer. Man findet auch das böse Wasser von oben und das gute Wasser von unten. Das konstante Element ist eigentlich die Beziehung zwischen Mythen, die vom Ursprung des

Feuers handeln, und Mythen, die vom Ursprung des Wassers handeln.

Die Mythen bringen das Grundthema – die Bedeutung des Küchenfeuers – durch verschiedene Codes zum Ausdruck. Alle diese Codes, wie der Nahrungscode, der Geräuschcode, der astronomische Code und der Kleidungscode, sind ineinander übersetzbar. Sie bilden einen sog. Intercode. Da in den Mythos-Varianten unterschiedliche Codes gehandhabt werden, lassen sich zahlreiche Querverbindungen zwischen den diversen Mythos-Varianten entdecken. Sie verweisen auf verschiedenen Ebenen sowie an verschiedenen Punkten und Momenten immer wieder aufeinander, wobei vielfältige Veränderungen auftreten. Häufig stößt man auch auf einen Übergang vom einen zum anderen Code. Man findet auch Umkehrungen von Beziehungen zwischen den Elementen. Hierbei geht es nicht nur um individuelle Umkehrungen, sondern auch um Umkehrungen von Motiven. Ein Beispiel stellt die Umkehrung des Motivs des Nesträubers (der *dénicheur*-Zyklus) in das Motiv des Seetauchers (der *plongeon*-Zyklus) dar. Der Seetaucher ist ein Wasservogel, der – übrigens ebenso wie der Nesträuber – in der nordamerikanischen Mythologie eine wichtige Rolle spielt. Bei den Seetaucher-Mythen wird der Held nicht an einem hochgelegenen Platz zurückgelassen wie bei den Nesträuber-Mythen, sondern in Grund und Boden gestampft oder zertrampelt.

Durch die verschiedenen Transformationen wirkt das gesamte Mythensystem wie ein Gewirr von Kreuz- und Querverbindungen, bei dem sich auf den ersten Blick weder Anfang noch Ende ausmachen lassen. So handeln einige Mythen vom Ursprung der Wildschweine: Diese verdanken ihr Entstehen gestörten Beziehungen zwischen Angehörigen, die miteinander verschwägert sind. Häufig spielt das Feuer bei dieser Entstehung eine Rolle. Infolge dieser gestörten Verwandtschaftsbeziehungen steckt z. B. der übernatürliche Kulturschöpfer ein Dorf in Brand, in dem die angeheirateten Verwandten wohnen. Die Dorfbewohner verwandeln sich durch dieses Flammenmeer in Wildschweine. Wildschweine sind also halb menschlich. Auch auf andere Weise wurden sie mit dem Feuer assoziiert. Das Wildschwein stellt nämlich den Prototyp des hochgeschätzten Fleisches dar, das seinerseits die Nahrung par excellence ist, für deren Zubereitung die Verwendung von Feuer erforderlich ist. Durch diese Assoziation mit Feuer können die Mythen mit dem »Wildschwein«-Motiv mit denen des »Nesträuber«-Motivs in Zusammenhang gebracht werden.

Denn in den Varianten des Nesträuber-Mythos spielt das Feuer eine sehr wichtige Rolle. Wildschweine wurden zugleich systematisch mit Rauch und Tabak assoziiert, Dinge, die für sich auch bereits mit Feuer und folglich mit Nahrungszubereitung verbunden sind. Tabak ist durch den exzessiven Gebrauch von Feuer metakulinarisch. Honig dagegen wird in Südamerika nur mit Wasser verlängert, für Lévi-Strauss ein Grund, Honig als infrakulinarisch zu kennzeichnen. Durch diese Beziehung zu Feuer bzw. Wasser bilden Tabak und Honig ein Oppositionspaar, mit dem wiederum andere Oppositionen zusammenhängen. Honig verweist auf das Irdische, das Profane, das Sinnliche; Tabak dagegen bezieht sich auf das Sakrale. In der südamerikanischen Mythologie spielt der Honig die Rolle einer potentiell verführerischen Kraft. Das Honigmädchen *(la fille folle de miel)* symbolisiert diese Rolle. Es bringt durch sein Verhalten die Bindung zwischen den Menschen und dem Göttlichen dauernd in Gefahr. Viele Honig-Mythen handeln darum auch von antisozialem Verhalten und von Kulturverlust. Tabak hat demgegenüber die Funktion, die Verbindung mit dem Göttlichen herzustellen oder aufrechtzuerhalten. Die Opposition Honig–Tabak wurde auch assoziiert mit dem Gegensatz naß–trocken. Dieser ebnet den Weg zu klimatologischen und astronomischen Codes, mit denen ihrerseits wiederum die Opposition Völlerei–Fasten assoziiert wurde. Außerdem kann man die Themen von Honig und Tabak auch noch mit dem Geräuschcode verbinden. Der Kontrast zwischen Honig und Tabak korrespondiert nämlich mit Kontrasten, die zur Kategorie Geräusch gehören, so wie die Oppositionen laut–leise, kontinuierliche Klänge–diskontinuierliche Klänge oder modulierte Klänge–unmodulierte Klänge. Dieser Geräuschcode transformiert sich u. a. wieder in den kosmologischen und in den Kleidungscode.

Deutlich zeigt sich auch, daß in der Variante eines Mythos unterschiedliche Codes gleichzeitig zum Tragen kommen können. Häufig steht dann allerdings *ein* Code im Mittelpunkt. So hat Lévi-Strauss die Mythen, die von der Aneignung des »Kochfeuers« handeln, in Untergruppen unterschieden. Die 187 Mythos-Varianten, die Lévi-Strauss in *Das Rohe und das Gekochte* analysiert, wurden vor allem im kulinarischen Code ausgedrückt. Die 166 Varianten von *Vom Honig zur Asche* behandeln die Grenzen der Nahrungszubereitung. In diesen Varianten stehen Honig und Tabak im Mittelpunkt, die für Lévi-Strauss zur Umgebung der Küche gehören. Die 175 Mythos-Varianten, die Lévi-Strauss in *Der Ursprung der Tischsitten* zur Sprache bringt, wurden vor allem im Geräuschcode abgefaßt, während schließlich die 285 Varianten von *Der nackte Mensch* den Kleidungscode und den astronomischen Code verwenden.

Da die Mythen in verschiedenen Punkten miteinander verbunden sind, kann man innerhalb desselben Mythensystems verschiedene Wege beschreiten. In dem amerikanischen Mythensystem, das Lévi-Strauss in den *Mythologica* beschrieben hat, kann man z. B. von der Nahrungszubereitung zum Sinnlichen gelangen (über den Honig); zum Geistigen (über den Tabak); zur Lebensdauer (der *vie brève*-Zyklus); zur Abfolge der Jahreszeiten und zu den Regeln des *savoir vivre*; zu den Farben der Vögel; zum Gütertausch und den Märkten der Menschen etc. Mehrfach kann man außerdem Querverbindungen entdecken und auf bereits vorher analysierte Mythen zurückkommen. Zudem existieren sog. sekundäre oder supplementäre Dimensionen, in denen allerlei andere Assoziationen ihren Ausdruck finden. So verweist

Lévi-Strauss in *Der Ursprung der Tischsitten* auf einen Mythos der Chaco-Indianer, in dem wilder Honig als Metapher für Sperma gebraucht wird (My III 439), während in *Vom Honig zur Asche* Honig mit Menstruationsblut assoziiert wird.

Das Bild, das sich von einem Mythensystem aufdrängt, ist das eines Labyrinthes mit unterschiedlichen Eingängen, Wegen, Kreuzungen und Abzweigungsmöglichkeiten. Während man die Strecke abläuft, kreuzt man immer wieder dieselben Punkte, die durch die wichtigsten Oppositionen wie Feuer–Wasser, roh–gekocht, frisch–verdorben, profan–heilig, Stille–Geräusch, hoch–tief, Himmel–Erde und Sonne–Mensch gebildet werden. Nachdem die gesamte Strecke zurückgelegt ist, kommt man zu der Entdeckung, daß alle Wege zum selben Ausgang führen: dem Problem des Übergangs von Natur zu Kultur.

Zur Verdeutlichung und Illustration der verschiedenen Transformationsverhältnisse zwischen amerikanischen Mythen folgen exemplarisch einige von Lévi-Strauss hergestellte Beziehungen zwischen Mythen-Varianten der Bororo (M 1), der Gé (M 7–12, M 124) und der Tupi (M 66): Gruppen, die alle im nordöstlichen Teil Südamerikas, südlich des Amazonas, leben. Der Referenz-Mythos (mit M 1 numeriert) lautet folgendermaßen:

»Ein Junge, der kurz vor der Initiation steht, folgt seiner Mutter heimlich in den Wald, wo er sie vergewaltigt. Sein Vater merkt es und beschließt, sich zu rächen. Er schickt ihn in das Reich der Toten, um dort die große Tanzklapper zu stehlen. Auf Anraten seiner Großmutter bittet er den Kolibri um Hilfe, dem es gelingt, mit dem lärmenden Instrument wegzukommen. Der Vater – enttäuscht – schickt ihn nun wegen der kleinen Tanzklapper los. Die Taube stiehlt dieses Instrument für ihn. Darauf befiehlt ihm der Vater, die um die Knöchel getragenen Ringe mit klappernden Schweinehufen aus dem Reich der Toten zu stehlen. Diesmal hilft ihm der große Grashüpfer, der, kleiner und langsamer als die Vögel, gerade noch entkommen kann. Der Vater versucht nun etwas anderes. Mit seinem Sohn geht er Ara-Papageien fangen, die in der Felswand brüten. Die Großmutter gibt dem Jungen einen Zauberstab mit, an dem er sich festhalten muß, wenn etwas passiert. Der Vater läßt den Jungen an einer langen Stange nach oben klettern, und als er kurz vor der oberen Kante des Felsens ist, schlägt er die Stange kaputt. Der Junge bleibt an seinem Zauberstab hängen. Der Vater geht nach Hause, aber dem Jungen gelingt es, sich auf den Kamm des Felsens hochzuarbeiten. Mit einem Bogen, den er sich dort macht, erlegt er einige Warane, die er an seinen Gürtel hängt. Die Warane verderben, und das lockt Geier an, die die Warane auffressen und en passant auch sein Gesäß zerfressen. Er wehrt sich, und die Geier kriegen Mitleid mit ihm. Sie bringen ihn wieder zu Boden, wo er sich mit Waldbeeren ernährt. Zu seinem Entsetzen stellt sich heraus, daß er ohne sein Gesäß alle Nahrung verliert. Er erinnert sich jedoch an eine Erzählung seiner Großmutter, in der sich jemand unter ähnlichen Umständen aus feingestoßenen Knollen ein neues Gesäß machte. Mit Erfolg macht er dasselbe. Vermummt kehrt er zu seiner Großmutter zurück. In dieser Nacht schickt er einen verheerenden Sturm mit Regen, der alle Feuer löscht außer dem seiner Großmutter. Dorthin kommt nun ein jeder, um Feuer zu holen. Auch seine Stiefmutter, die ihn erkennt und ihren Mann warnt. Dieser eilt herbei, um seinen Sohn zu umarmen. Später rächt sich der Sohn auf einer Jagd. In Gestalt eines Hirsches spießt er seinen Vater aufs Geweih und wirft ihn ins Wasser, wo die Piranhas ihn auffressen. Seine Därme werden zu Wasserpflanzen.«

In diesem Bororo-Mythos sind die folgenden Aspekte von Bedeutung[48]:

a) Es gibt einen Mutter-Sohn-Inzest, bei dem nicht der Täter, sondern die beleidigte Partei bestraft wird, weil diese sich über das Maß hinaus rächt.
b) Lärm ist gefährlich, wie sich an dem Auftrag zeigt, Tanzzubehör zu stehlen.
c) Ein Nesträuber wird zurückgelassen und danach von Geiern gerettet.
d) Es ist von Freundschaft zwischen Großmutter und Enkel die Rede.

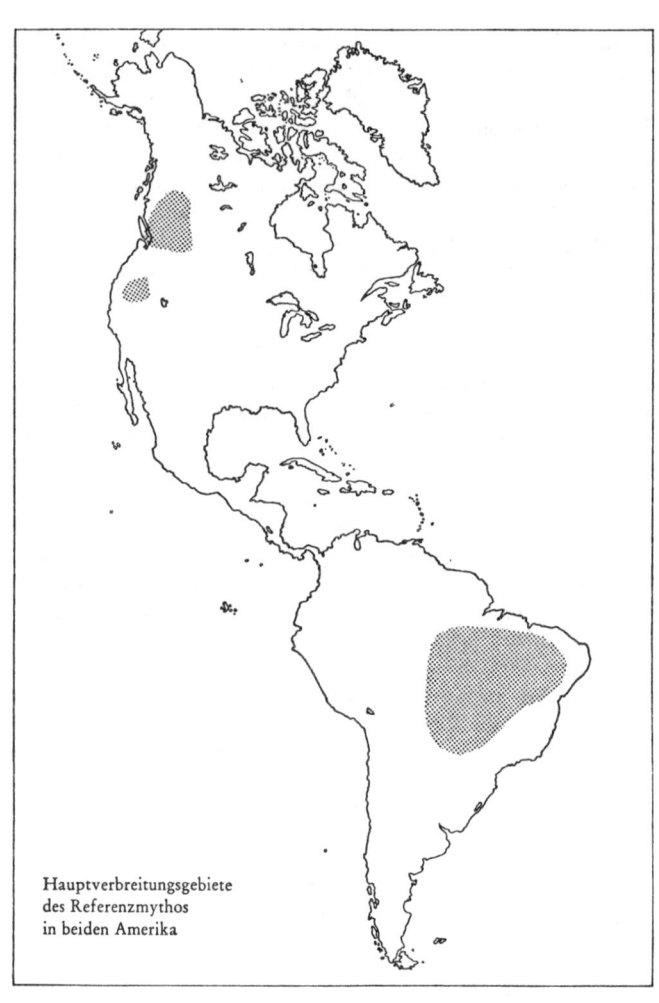

Hauptverbreitungsgebiete
des Referenzmythos
in beiden Amerika

Abbildung 2
Hauptverbreitungsgebiete des Referenzmythos
in beiden Amerikas (My IV 26, Abb. 1)

e) Der Ursprung des bösen Wassers, das von oben kommt, wird benannt.
f) Der Ursprung der Waffen (Pfeil und Bogen) wird benannt.
g) Zwischen Geiern und verfaultem Essen wird eine Beziehung hergestellt.

Dieser Mythos bietet also zahlreiche Zugangsmöglichkeiten. Der Geräuschcode kommt hier bereits zum Zuge; mit Geräusch wurde das Motiv des kurzen Lebens assoziiert, wie sich u. a. aus einem Mythos (M 9) der zu der Gé-Gruppe gehörenden Apinaye ergibt:

»Ein Mann geht mit seinem Schwager Ara-Nester ausrauben. Der Mann steigt nach oben, aber statt Eier wirft er Steine nach unten. Der Schwager wird böse und nimmt die Leiter weg, so daß der Mann gefangen ist. Letztlich wird er von einem Jaguar erlöst. Als er nach einer gastlichen Bewirtung durch den Jaguar in sein Dorf zurückkehren will, gibt ihm dieser einen Rat: Unterwegs wirst du von einem Felsen, einem Baum aus hartem Holz und einem Baum aus morschem Holz angesprochen werden. Antworte nur den ersten beiden, aber nicht dem dritten. Er vergißt dies jedoch und antwortet auch dem morschen Baum. Wenn er das nicht getan hätte, würden die Menschen nun ebenso lange leben wie Felsen oder harte Aroeira-Bäume.«

Dieses Thema vom kurzen Leben *(la vie brève)* taucht in einigen anderen Mythen auf. Eine andere Gruppe von Mythen verbindet das Thema des kurzen Lebens, der Sterblichkeit des Menschen, mit dem Ursprung der kultivierten Pflanzen, insbesondere dem Mais. Dieses Thema des kurzen Lebens findet sich in abstrakterer Form, in Verbindung mit dem Begriff »Maß« – nicht zu lang und nicht zu kurz, nicht zu weit und nicht zu nah –, in den Mythen in *Der Ursprung der Tischsitten* wieder.

Das Motiv der Nesträuberei bietet einen weiteren Zugang zu diesem Apinaye-Mythos (M 9). Dieses Motiv besteht auch bei anderen Gé-sprachigen Stämmen wie den Kayapo, den Timbira und den Sherente, die in einem Halbkreis um die

Bororo leben. Ein Mythos der Kayapo-Gorotiré (M 7) behandelt kurz zusammengefaßt folgendes:

»Ein Mann geht mit seinem jungen Schwager namens Botoque Ara-Nester ausrauben. Er läßt den Jungen auf einer provisorischen Leiter nach oben klettern. Der Junge behauptet, daß es keine jungen Ara gibt, sondern nur zwei Eier. Als er sie nach unten wirft, verwandeln sie sich in Steine. Der Mann wird böse und nimmt die Leiter weg. Der Junge bleibt alleine zurück. Hunger und Durst zwingen ihn, dort oben auf dem Felsen seine eigenen Exkremente zu essen und seinen Urin zu trinken. Schließlich wird er von einem Jaguar, der mit Pfeil und Bogen auf Jagd ist, erlöst. Der Jaguar nimmt ihn mit nach Hause. Er bekommt geröstetes Fleisch. Zu dieser Zeit hatte nur der Jaguar Feuer, die Menschen aßen ihr Fleisch roh. Der Jaguar adoptiert den Jungen, aber die Frau des Jaguars haßt ihn und will ihm Böses antun. Darum beschließt der Junge, in sein eigenes Dorf zurückzukehren. Er nimmt sich den Pfeil und den Bogen des Jaguars und ein Stück geröstetes Fleisch. Dann macht er sich davon, nachdem er die Frau des Jaguars getötet hat. Nachdem er in sein Dorf zurückgekehrt ist, ziehen die Menschen los und stehlen dem Jaguar das Feuer; in dieser Nacht hat man zum ersten Mal in dem Dorf Feuer, das Licht und Wärme spendet und dazu benutzt werden kann, Fleisch zuzubereiten. Seit dieser Zeit haßt der Jaguar die Menschen.«

Dieser Gé-Mythos weist eine Reihe von Unterschieden zu dem Bororo-Mythos (M 1) auf:

a) In dem Bororo-Mythos sind Wasser und Waffen von Bedeutung, in dem Gé-Mythos Feuer und Waffen.

b) Die Verwandtschaftsbeziehungen in dem Mythos sind anders. In dem Bororo-Mythos geht es um Vater und Sohn, während in dem Gé-Mythos zwei Schwager die Hauptpersonen sind.

c) Im Gé-Mythos ist es nicht der Geier, der für Verderbnis steht, sondern der mit dem Feuer assoziierte Jaguar, der den Helden erlöst.

d) Der Held in dem Bororo-Mythos ist der Herr des himmlischen Wassers; der Jaguar in dem Gé-Mythos ist der Herr des Feuers.

e) In dem Bororo-Mythos kennen die Menschen das Feuer sowie den Gebrauch von Pfeil und Bogen bereits, in dem Gé-Mythos noch nicht.

Der Transformationscharakter der Mythen kommt noch deutlicher zum Vorschein, wenn neben den Bororo-Mythen und den Gé-Mythen auch bestimmte Tupi-Mythen in die Betrachtung einbezogen werden. Einer dieser Tupi-Mythen, der von den Tembé (M 66) stammt, handelt von dem Ursprung des Feuers. Der Tembé-Mythos lautet:

»Einst war der Königsgeier Herr des Feuers, und die Menschen mußten ihr Fleisch an der Sonne trocknen. Eines Tages beschlossen sie, sich des Feuers zu bemächtigen, und sie töteten einen Tapir. Als der Balg voller Würmer war, stieg der Königsgeier mit den Seinen vom Himmel herab. Sie legten ihr Federkleid ab und erschienen in menschlicher Gestalt. Nachdem sie ein großes Feuer angezündet hatten, packten sie die Würmer in Blätter und brieten sie. Die Menschen hatten sich nicht weit von dem Aas versteckt, und nach dem ersten Versuch, der scheiterte, gelang es ihnen, das Feuer zu stehlen.« (My I 189)

Nimmt man diese Mythen der Bororo (M 1), der Gé (M 7) und der Tupi (M 66) zusammen, so sieht man, daß über Nahrung in unterschiedlichem Zustand gesprochen wird. Außer von roher Nahrung ist auch von verdorbener und von zubereiteter Nahrung die Rede. Das Verhältnis zwischen roher, verdorbener und zubereiteter Nahrung läßt sich Lévi-Strauss zufolge in zwei Oppositionen wiedergeben: Natur versus Kultur sowie umgeformt versus nicht-umgeformt. Kombiniert ergeben diese Oppositionen das sog. kulinarische Dreieck. Roh steht für Natur und nichtumgeformt, verdorben für Natur und umgeformt und zubereitet für Kultur und umgeformt. Die Gé betonen die Opposition zubereitet (wie einst die Jaguar aßen) und roh (wie die Jaguar jetzt essen), während die Tupi zubereitet (die Geier früher) und verdorben (die Geier jetzt) einander gegenüberstellen. Die Bororo ihrerseits unterscheiden sich sowohl von den Gé als auch von den Tupi. Hier geht es nur um verdorben. Es gibt noch einen weiteren wichtigen Unterschied. Der Bororo-Mythos betont die dominante Rolle des siegreichen Menschen, während in den Gé und Tupi-Mythen demgegenüber Tiere eine wesentliche Rolle spielen; im ersten Fall steht die Kultur im Vordergrund, im zweiten die Natur (My I 191 f.). Lévi-Strauss charakterisiert schließlich die gesamte Kombination von Merkmalen als eine Opposition, in der die Gé den Tupi gegenüberstehen, während die Bororo eine neutrale Zwischenposition einnehmen. Das korrespondiert nicht nur mit den Ernährungsgewohnheiten dieser Gruppen, sondern auch mit anderen Dingen. Die Tupi können töpfern und praktizieren Kannibalismus. Die Gé können weder töpfern noch treiben sie Kannibalismus. Die Bororo schließlich können zwar töpfern, aber sie üben keinen Kannibalismus aus (My IV 715). Dennoch ist diese von Lévi-Strauss angegebene Zwischenposition der Bororo gekünstelt. Eine Zwischenposition würde vorliegen, wenn in dem Bororo-Mythos (M 1) außer verdorben auch roh eine Rolle spielen würde. Außerdem ist sowohl bei den Gé als auch bei den Tupi die Hauptrolle einem Tier vorbehalten – nämlich dem Jaguar bzw. dem Geier – und bei den Bororo dem Menschen. In dem Fall handelt es sich nicht um eine Zwischenposition, sondern um eine Opposition. Einen prägnanten Fall von Umkehrung findet man beim Vergleich des Bororo-Mythos (M 1) mit einem Mythos der Sherente (M 124), ein Stamm, der zur Gé-Gruppe gehört. Dieser letzte Mythos geht folgendermaßen:

»Asaré ist der jüngste von mehreren Brüdern. Als der Vater auf der Jagd ist, schicken seine älteren Brüder ihn los, um seine Mutter zu bitten, ins Männerhaus zu kommen, damit sie ihnen die Haare kämmt. Als sie kommt, vergewaltigen sie sie. Asaré erzählt dies seinem Vater, woraufhin dieser sie bestraft. Die Brüder werden böse und stecken aus Rache die Hütte in Brand. Die Eltern verwandeln sich in Sperber und fliegen davon. Die Brüder gehen auch fort. Weil Asaré unterwegs einen unstillbaren Durst bekommt, bohrt einer der Brüder mit seinem Jagdspeer ein Loch in den Boden, aus dem

Wasser kommt. Es fließt so viel Wasser aus dem Loch, daß daraus der Ozean entsteht. Asaré erinnert sich, daß er einen kostbaren Pfeil am anderen Ufer hat liegen lassen und schwimmt zurück. Nachdem er den Pfeil geholt hat und wieder zurückkehren will, trifft er auf ein Krokodil, das aus mehreren Echsen entstanden ist, die Asaré getötet hat. Asaré bittet das Krokodil, ihn überzusetzen. Als dieses sich weigert, verspottet Asaré das Krokodil, weil es so häßlich ist. Das Krokodil ist wütend und verfolgt ihn, aber Asaré gelingt es zu entkommen. Da die Brüder der Meinung waren, Asaré wäre ertrunken, sind sie weitergezogen. Als Asaré das Ufer erreicht hat, sieht er sie nirgends, aber weil das Krokodil ihm auch auf dem Land nachsetzt, flieht er weiter. Dabei helfen ihm diverse Tiere, und schließlich findet er einen sicheren Zufluchtsort bei seinem Onkel. Seine Brüder waren inzwischen baden gegangen; das Geräusch, das sie dabei machen, kann man heute noch am Ende der Regenzeit hören. Kurz danach erscheinen sie als die Plejaden (das Siebengestirn) am Himmel.«

Diese Mythen M 1 und M 124 weisen eine ganze Reihe logischer Umkehrungen auf (siehe das Schema auf S. 102):

Die »Pointe« der Opposition zwischen diesen beiden Mythen ist, daß das Sternbild Rabe in Bezug auf die Plejaden so am Firmament steht, daß der Rabe in der einen Hälfte und das Siebengestirn in der anderen Hälfte des Jahres am Himmel zu sehen sind.

Vergleicht man das obengenannte Transformationsverhältnis zwischen M 1 und M 124 mit dem bereits besprochenen Transformationsverhältnis zwischen M 1 und M 7–M 12, dann stellt sich heraus, daß diese Transformationen dem folgenden »Gesetz« unterliegen: Wenn man von zwei Mythen nachweisen kann, daß der zweite eine Transformation des ersten ist, und wenn zusätzlich ein dritter Mythos besteht, der selbst eine Funktion des zweiten ist, dann weist dieser dritte Mythos wiederum auf den ersten Mythos zurück (My I 259).

M1 Bororo	Mutter-Sohn-Inzest im Wald	der Schuldige ist ein junger Mann, der noch vor der Initiation steht	Vater rächt sich übermäßig	Vater verfolgt Sohn
M124	Mutter-Sohn-Inzest im Dorf (Männerhaus)	die Schuldigen sind erwachsene Männer, die die Initiation hinter sich haben	Rache des Vaters hält sich in Grenzen	Söhne verfolgen Vater
M1	aus Rache schickt der Sohn das böse Wasser von oben		Sohn ist das Sternbild Rabe	
M124	aus Güte produziert Bruder das gute Wasser von unten		Söhne werden die Plejaden	

102

4. Die Grenzen

Die Reaktionen auf das Werk von Lévi-Strauss sind vielfältig und sehr unterschiedlich. Sie variieren zwischen detaillierter ethnographischer Kritik und globaler, philosophisch gefärbter Reflexion über die Grundlinien. Manchmal gleichen sie säuerlicher Ablehnung, manchmal purer Schmeichelei. Es fällt schwer, dazwischen eine Position zu finden, die derlei Extreme vermeidet. Ich entscheide mich hier für eine Auseinandersetzung mit den Verdiensten und Schwachstellen des Werks von Lévi-Strauss, die sich auf dessen Grundlinien bezieht. Dabei konzentriere ich mich auf allgemeine Charakteristika seiner Studien über Verwandtschaft, Klassifizierung und Mythologie sowie auf die Beweisführung und die Implikationen seiner Hauptprämissen.

Verwandtschaft

Was die Verwandtschaftsstudien betrifft, so ist dazu anzumerken, daß Lévi-Strauss' Erkenntnisse erheblich dazu beigetragen haben, der Verwandtschaftsforschung neue Wege zu weisen. Schon seit Jahren versorgen Lévi-Strauss' Auffassungen und Analysen Spezialisten auf dem Gebiet der Verwandtschaftsforschung mit Diskussionsmaterial. In diesem Sinne haben *Die elementaren Strukturen der Verwandtschaft* eine ähnlich stimulierende Rolle für die Kulturanthropologie gespielt wie Darwins *Ursprung der Arten* für die Biologie. Besonders seine Auseinandersetzung mit der Rolle des Bruders der Mutter im Heiratstausch – ungeachtet der Abstammungslinie – bedeutete einen großen Schritt voran. Die Bruder-Schwester-Beziehung, als Ausgangspunkt eines Allianzansatzes, wurde damit in den Mittelpunkt des Interesses gerückt. Zugleich deutet diese Beziehung darauf hin, daß es bei der Ehe primär um Gruppenbeziehungen und nicht um Sexualität geht.

Natürlich enthalten Lévi-Strauss' Analysen auch Mängel. So führt die Untersuchung der Verwandtschaftssysteme auf der Grundlage der Merkmale ebendieser Verwandtschaftssysteme zu einer geschlossenen Beschreibung aus der Binnenperspektive. Obwohl dies eine anerkannte Praxis im Strukturalismus ist, werden dadurch externe Faktoren wie der Einfluß des Konstitutionsprozesses von Staaten in Asien, die Zunahme des Handels über weite Entfernungen sowie die daraus entstehende Handelsklasse und die Bürokratie, nicht systematisch thematisiert. Obwohl diese Faktoren nicht oder kaum auf originär archaische Gesellschaften, wie die der australischen Ureinwohner, anwendbar sind, gelten sie durchaus für die Bauerngesellschaften Asiens, wo elementare Verwandtschaftsstrukturen nicht unbekannt sind. Diese Faktoren und Prozesse führen zu ungleichen Machtverhältnissen zwischen den Menschen. Indem Lévi-Strauss diese Machtverhältnisse fast völlig außer acht läßt, ist er nicht in der Lage, den Übergang zur Klassengesellschaft zu erklären. Daß er dafür keinen Erklärungsansatz bietet, ist von seiner Zielsetzung her vertretbar. Es ist jedoch ein Indiz für die Reichweite des Strukturalismus.

Die Forschung von den internen Determinanten her geht bei Lévi-Strauss mit einem gewissen Hang zur Harmonie zusammen. In seinen Studien fehlen die Faktoren »Zwang« und »Widerspenstigkeit«.[49] Die Gruppen, die Frauen untereinander austauschen, sind nicht spezifiziert, sie haben im allgemeinen auch den gleichen Status. Ungleicher Status zwischen den Gruppen stellt für ihn nur eine »äußere Grenze« für das Funktionieren des Systems dar. Er interessiert sich nicht oder kaum für Konflikte im Zusammenhang mit der Eheschließung und die sich daraus ergebenden Veränderungen im Heiratssystem oder für die Versuche, sich Eheverpflichtungen zu entziehen. Auch Lévi-Strauss' Interpretation der bewußten Reziprozität als einer Gestaltung von Kooperation, als ein Mittel, um den Gegensatz zwischen ego und alter zu versöhnen, ist ein Indiz für seine Orientierung an Harmonie. Bereits Marcel Mauss hat darauf hingewiesen, daß Wechselseitigkeit auch antagonistische Aspekte beinhalten kann. Geben ist ein Zeichen von Überlegenheit; Nehmen, ohne im gleichen Stil zurückgeben, kann bedeuten, daß man eine untergeordnete Position akzeptiert, daß man hörig und untertan wird.[50] Da die Pflicht zu nehmen genauso bedrükkend ist wie die Pflicht zu geben, hat Van der Veen zurecht darauf hingewiesen, daß es hier um einen inhärenten und unauflösbaren Widerspruch geht: Der Geber bekundet dem anderen durch sein Geschenk seine Ergebenheit, aber gleichzeitig macht er ihn von sich abhängig. Weil dieser andere die Pflicht hat zu nehmen, ist der inhärente Widerspruch innerhalb des Systems zwar reguliert, aber nicht neutralisiert.

Man kann Lévi-Strauss auch vorhalten, daß er störende Komplikationen wie Ehescheidungen, Gruppenspaltungen und Ausweitung der Anzahl von Gruppen, Störung der Geschlechterrate infolge massiver Arbeitsmigration, das weitgehende Ignorieren der »vorgeschriebenen« Heiratsformen etc. ausklammert. Obwohl Lévi-Strauss gegenüber diesen Aspekten nicht blind ist, wie seine Analyse der externen und internen Grenzen des generalisierten Tauschs beweist, widmet er sich den Folgen dieser störenden Ereignisse für die Gültigkeit und den heuristischen Wert seiner Modelle auf empirischer Ebene zu wenig. Seine Modelle sind *reduktionistisch*. Nur ein paar Variablen spielen eine Rolle.

Indem Lévi-Strauss aufgrund seiner Prämissen bewußte

Sinngebung negiert, werden bestimmte Fragen von vornherein ausgeklammert oder nicht beantwortet. So erklärt er den Wohnort nach der Eheschließung (meistens patrilokal) aus der fundamentalen Asymmetrie der Geschlechter, wobei die Frauen als Objekte zwischen Männergruppen zirkulieren. Die Frage ist allerdings, ob Frauen als Objekte angesehen werden können. Ist es nicht sinnvoller, von der Annahme auszugehen, daß Frauen mit ihrem Einverständnis Objekte in diesem Heiratstausch sind? Von Van Baal wurde nachgewiesen, daß der Heiratstausch an Transparenz gewinnt, wenn man die aktive Partizipation der Frau in die Erklärung miteinbezieht.[51] Für den Heiratstausch ist die Mitwirkung der Frau wichtig. Die Frau, die wegläuft oder ihren Pflichten nicht nachkommt, bringt die Beziehungen zwischen zwei oder gar drei Gruppen in Gefahr. Indem sie einwilligt, in eine andere lokale Gruppe verheiratet zu werden, versetzt die Schwester ihren Bruder in die Lage, eine patrilokale Ehe zu schließen. »In den Termen des Geschenks impliziert dies, daß die Schwester sich durch die Zustimmung zu ihrer Vermählung ein Anrecht auf ihren Bruder für die gesamte Dauer der Ehe verschafft. Es ist ein ›Anspruch‹, daß ihr Bruder sie und ihre zukünftigen Kinder beschützt.«[52] Indem die Frau ihrer Verheiratung zustimmt, hat sie sich in eine Position manövriert, aus der heraus sie manipulieren kann. Zwei Männer beschützen sie: Der eine, ihr Ehemann, hat eine Verpflichtung gegenüber dem anderen, ihrem Bruder, und dieser hat seinerseits eine Verpflichtung gegenüber ihr und ihren Kindern. Die Einbeziehung der Frau in die Analyse als bewußt »mitwirkendes Objekt« wirft gleichzeitig ein neues Licht auf das von Lévi-Strauss zwar nicht erläuterte, aber erwähnte Problem der Hypergamie, der Ehe einer Frau mit einem Mann höheren Ranges. Die Hypergamie steht deutlich im Gegensatz zu der sich aus der Struktur des Geschenks ergebenden fundamentalen Regel, der Geber sei dem Empfänger überlegen. Der Brautgeber steht im Fall der Hypergamie jedoch in tieferem sozialen Ansehen oder bekleidet einen niedrigeren Rang als der Brautnehmer. Für den Ehemann hat diese Heiratsform den Vorteil, daß seine Frau nicht von ihrem Bruder beschützt werden kann, so daß letzterer sich nicht in die Ehe einmischen kann. Für den Bruder bedeutet es, daß er durch die Ehe seiner Schwester im Ansehen steigt, wofür er zur Not bereit ist, mit einer Aussteuer zu bezahlen. Die Position der Frau ist zwiespältig: Einerseits verliert sie den Schutz ihres Bruders, aber andererseits ist sie der Stolz ihrer Verwandtengruppe und hat die Sicherheit, daß sie die Mutter eines Sohnes werden wird, der in höherem Ansehen stehen wird, als wenn sie einen Mann gleichen Status' geheiratet hätte. Allein in der Erwartung ihrer zukünftigen Mutterrolle arbeitet die Frau an dieser hypergamen Heirat mit: »Ihre Perspektive ist zwangsläufig die ihrer eigenen Mutterschaft, die Mutter eines Sohnes von Rang.«[53]

Diese Ergänzung ist wertvoll, obwohl das Interesse an der »Mutterperspektive« der Frau etwas zu exklusiv scheint. In einigen Fällen dürfte auch die Tatsache, daß ihr eigener Status unmittelbar steigt, eine Rolle spielen; der Status des Mannes bestimmt ja im wesentlichen den der Frau. Die Revenuen – im Sinne von Ansehen, Einfluß und Vorrechten – kommen nicht nur ihren Kindern, sondern auch ihr selbst zugute, es sei denn, sie wird in einen Harem gesteckt, wie es auch vorkommt.

Klassifizierung

Auf dem Gebiet der Klassifizierungsstudien hat Lévi-Strauss viele Anhänger gefunden. Seine wichtigste Anregung liegt in der Kombination dreier Aspekte. Erstens hat Lévi-Strauss nachgewiesen, daß die Klassifikationssysteme in primitiven Kulturen eine interne Systematik haben. In diesem Rahmen fordert er zugleich – und das ist der zweite Aspekt –, daß mehr Wert auf exakte ethnographische Darstellungen gelegt werden müsse. Die interne Systematik zeigt sich nämlich erst, wenn man sich ein genaues Bild von der »ökologischen Situation« von Gruppen von Menschen verschafft hat. Klassifizierungen in primitiven Kulturen basieren auf mehrdeutigen, wahrnehmbaren Merkmalen von Umweltelementen, vor allem Tier- und Pflanzenarten.

Es erweist sich darum auch, daß vor allem solchen Gattungen eine bedeutende Rolle bei Klassifizierungen zukommt, die durch ihre Merkmale diverse Gegensätze zum Ausdruck bringen und zugleich zwischen diesen Gegensätzen vermitteln oder diese enthalten können. Man kann z. B. an die Otter und die Hühnervögel denken, die die Gegensätze zwischen Land-Wasser und Himmel-Erde überbrükken. Darin könnte man die kombinierte Wirkung der von Lévi-Strauss mehrfach vorgebrachten Denkprinzipien der Reziprozität und der Bipolarität wiedererkennen. Auf jeden Fall kann diese Erforschung des eventuell auffallend häufigen oder gerade ausgesprochen seltenen Auftretens bestimmter Pflanzen- und Tierarten oder bestimmter Kombinationen oder Oppositionen solcher Arten in Klassifizierungen neues Licht auf die Art und Weise werfen, wie Menschen die diversen Umweltelemente miteinander assoziieren und so ihrer Welt Gestalt geben, wie auch auf die Kriterien, die sie dabei anwenden.

Lévi-Strauss weist nicht nur auf die interne Logik von Klassifizierungen in primitiven Kulturen hin, er liefert auch – und das ist schließlich der dritte Aspekt – Richtlinien, um diese Logik darzustellen. Zahlreiche, früher nur schlecht oder gar nicht erklärte Phänomene wurden in ein neues Licht gerückt durch seine Grundannahme, daß ein Element nicht aus sich selbst heraus einen symbolischen Wert bekommt, sondern nur in Konfrontation mit zumindest einem anderen Element, und daß es nicht eine ausschließliche Interpretationsdomäne gibt, sondern einen »Set« von Codes, von denen aus man die symbolischen Oppositionen interpretieren muß.

Um dem Systemcharakter der Klassifizierungen zu seinem Recht zu verhelfen, mußte Lévi-Strauss allerdings einige Schematisierungen und Eingriffe am Basismaterial vornehmen. In seiner Analyse der Klassifikationssysteme geht er zunächst von dem Gegensatz Natur-Kultur aus. So versteht er den Totemismus als ein Klassifikationssystem, mit dessen Hilfe man einem System von Unterschieden in der Kultur Gestalt gibt und es durch ein System von Unterschieden in der Natur nachvollziehbar macht. Dabei behandelt er die Natur als eine gegebene Größe, die verfügbar ist, die in sich selbst bereits strukturiert ist und von der ohne weiteres Gebrauch gemacht werden kann. Das ist jedoch keine korrekte Darstellung. Die Natur wird durch die aktive Intervention des Menschen organisiert und strukturiert. Die Ordnung der Natur ist keine gegebene Größe, sondern eine durch den Menschen selbst geschaffene Ordnung. Sie ist keine Ordnung »an sich«.[54] Eine bessere Gegenüberstellung ist menschliche versus nicht-menschliche Ordnung. »Natur, wie sie im Totemismus konzipiert wird, ist ebenso plausibel Kultur wie Kultur selbst. Die Naturkategorien sind Kulturkategorien, Produkte menschlicher Klassifizierungen, einer Klassifizierung, in der das Menschliche dem Nicht-Menschlichen gegenübergestellt wird.«[55]

Darüberhinaus läuft Lévi-Strauss' Charakterisierung des Totemismus als ausgesprochen systematischer Komplex auf eine allzu einfache und lineare Darstellung der Fakten hinaus. Nur indem er die systematischen Teile des Totemismus auf Kosten der mehr oder weniger zufälligen, flexiblen Teile hervorhebt, kann er von einem logischen und geschlossenen System sprechen, das auf binärem Denken basiert.[56] Lévi-Strauss berücksichtigt zu wenig den Umstand, daß die konkreten Symbole, derer sich das primitive Denken bedient, mit der Achtung vor dem Tabu überladen sind. Darum werden psychologische Faktoren wie Flucht oder Verdrängung die logischen Symmetrien im allgemeinen stören.[57] Lévi-Strauss negiert zudem die individuelle Kreativität. Der Totemismus ist ein lebendiges Ganzes, in dem fortlaufend Veränderungen auftreten.

Anfechtbar ist ferner Lévi-Strauss' These, daß zwischen der »Wissenschaft vom Konkreten« und der modernen, westlichen Wissenschaft im Wesen kein Unterschied besteht. Selbst wenn man davon ausgeht, daß der »primitive« Mensch aus einem intellektuellen Bedürfnis nach Strukturierung klassifiziert, daß er klassifiziert, um zu klassifizieren, und daß die Methode, die er bei diesem Klassifizieren anwendet, formal gesprochen mit der Methode der modernen Wissenschaft übereinstimmt, folgt daraus noch nicht zwangsläufig, daß die Wissenschaft vom Konkreten eine vollkommen entwickelte Wissenschaft ist.

Große Unklarheit besteht, was die Beantwortung der Frage anbelangt, ob man das Bastler-Denken mit dem Denken in der primitiven Kultur schlechthin gleichsetzen kann. Lévi-Strauss erweckt stark den Eindruck, daß in primitiven Kulturen lediglich das Bastler-Denken vorkommt, im Gegensatz zur modernen Kultur, in der neben dem Bastler-Denken auch – und sogar vor allem – das Gelehrten-Denken eine Rolle spielt. Nur von dieser Prämisse aus ist eine Erklärung dessen möglich, was Lévi-Strauss das neolithische Paradox nennt. Da die Entdeckungen, die im Neolithikum gemacht wurden, eine jahrhundertelange aktive und methodische Forschung voraussetzen, ist der neolithische Mensch folglich Erbe einer langen wissenschaftlichen Tradition. Lévi-Strauss' Problem ist es, eine Erklärung für den plötzlichen Stillstand zu finden, der am Ende des Neolithikums eintrat und bis in die moderne Zeit dauerte, ein Stillstand, der bildlich »als ein Absatz zwischen zwei Treppen« betrachtet werden kann. Seine Lösung dieses Problems ist, daß er zwei Arten von Wissenschaft unterscheidet: die Wissenschaft vom Konkreten und die moderne Wissenschaft. Diese beiden Wissenschaftsformen werden durch zweierlei Denkformen charakterisiert: das Bastler-Denken einerseits und das Gelehrten-Denken andererseits. Mit den im Neolithikum gemachten Entdeckungen ist die Wissenschaft vom Konkreten, ist das Bastler-Denken an die Grenzen seiner Möglichkeiten gestoßen. Dadurch, daß diese Wissenschaft, um Kausalitätsbeziehungen herzustellen, von wahrnehmbaren Eigenschaften abhängig ist und diese nur in begrenztem Maße und bei weitem nicht in allen Fällen eine notwendige Beziehung zwischen Dingen ausweisen, kann sie nicht dieselben Resultate verbuchen wie die moderne Wissenschaft. Erst als diese »erste Wissenschaft« – Lévi-Strauss hält dies für eine bessere Bezeichnung als den Begriff primitive Wissenschaft (WD 29) – von der »zweiten« oder der modernen Wissenschaft ersetzt wurde, war es plötzlich wieder möglich, neue Entdeckungen zu machen, Entdeckungen, die davon abhängig waren, daß man sich von der Empirie als Basis für Zusammenhänge zwischen Objekten freimachte.

Dieser Standpunkt geht allerdings an der Tatsache vorbei, daß man in primitiven Kulturen neben dem Bastler-Denken durchaus auch das Gelehrten-Denken vorfindet. Auf dem Gebiet der Jagd, der Fischerei und des Ackerbaus ist explizit von Versuchen die Rede, über die vorhandenen Kenntnisse *hinauszugelangen,* für Lévi-Strauss das Merkmal par excellence für das Gelehrten-Denken.

Man muß wohl zu dem Schluß kommen, daß Lévi-Strauss an diesem Punkt einer Art Evolutionismus verfällt. Lévi-Strauss will offensichtlich das Bastler-Denken als eine Art Urform, als die ursprüngliche Denkform betrachten, aus der sich das Gelehrten-Denken entwickelt hat. Dies ergibt sich aus seiner »*Einleitung in das Werk von Marcel Mauss*«, worin er sich u. a. mit dem Begriff *mana* beschäftigt. Er behauptet, daß ein Mangel an Wissen mit einem Übermaß an Sinngebung einhergeht. *Mana* ist ein Begriff, der angibt, daß man etwas nicht gut versteht; *mana* nimmt in dem Maße ab, wie Wissen zunimmt. Lévi-Strauss übersieht allerdings, daß der Begriff *mana* insgesamt nicht auf Dinge angewandt wird, die man kaum kennt: den Anführer, den Stein und den Spruch, die *mana* haben, kennt man bestens. Man gibt damit zu verstehen, daß in dem, was ansonsten vertraut ist, etwas steckt, das man nicht umschreiben kann, etwas, das das Bekannte zu mehr macht, als es eigentlich ist. Nicht das Wissen über das Objekt greift zu kurz, sondern das Wissen über eine Intentionalität, die sich über das Objekt vermittelt. Lévi-Strauss verkennt, daß der Mensch die Welt nicht als eine willenlose Gegebenheit ansieht, daß er vielmehr hinter den Dingen eine Intentionalität sucht, nicht nur in der primitiven Gesellschaft, sondern auch in der Industriegesellschaft mit ihrem sehr umfangreichen technologischen Wissen. Diese Fehleinschätzung seitens Lévi-Strauss folgt aus seinem Bemühen, alles zu vermeiden, was sich auf das Subjekt bezieht.

Daß er das Unbewußte in den Mittelpunkt rückt, ist vermutlich auch der Grund dafür, daß Lévi-Strauss sich nicht fragt, warum und wann man eine Bastler- bzw. eine Gelehrten-Haltung einnimmt und warum man in »primitiven Kulturen«, gemessen an den westlichen Kulturen, eher eine Bastler-Haltung einnimmt. Um diese Frage stellen zu können, hätte Lévi-Strauss den Einfluß des bewußten kulturellen Lebens, wie er u. a. in der Intentionalität der Wertorientierungen zum Ausdruck kommt, in seine Überlegungen einbeziehen müssen. Dasselbe gilt für die Beantwortung der Frage, warum manche Gruppen der Ansicht sind, daß ihre Totems heilig sind und/oder nicht gegessen werden dürfen, während andere Gruppen im Gegensatz dazu der Meinung anhängen, daß die Totems keinen gesonderten oder »sakralen« Charakter haben.[58]

Schließlich muß angemerkt werden, daß Lévi-Strauss in seiner Klassifizierungsstudie bestimmte Teilprobleme nicht anspricht. Lévi-Strauss sieht die Klassifizierungssysteme als einen Ausdruck der unbewußten Tätigkeit des Geistes, was dazu führt, daß er vor allem nach dem Gemeinsamen sucht. Da dieses Gemeinsame sich nicht an konkreten Inhalten festmachen läßt, rücken zwangsläufig die Formen in den Mittelpunkt. Diese Hervorhebung der Form bei Lévi-Strauss geht sehr deutlich aus seiner Definition des Totemismus als einer »ursprüngliche(n) Logik, (dem) direkten Ausdruck der Struktur des Geistes (und hinter dem Geist zweifellos des Gehirns) ...« (ET 117) hervor. Aus dieser Hervorhebung des Unbewußten folgt, daß Lévi-Strauss konkreten kulturellen Inhalten unmöglich eine wichtige Rolle zuschreiben kann, ebenso wenig wie diversen Diskrepanzen zwischen Klassifikationssystemen und sozialer Organisation oder, anders ausgedrückt, den Spannungen zwischen den verschiedenen *Ordnungen* in einer Kultur.[59]

Möglicherweise erklärt die Suche nach dem Gemeinsamen auch die Leichtigkeit, mit der er auf der Grundlage begrenzten empirischen Materials trotz seines Plädoyers für gewissenhafte Detailforschung generalisiert. Lévi-Strauss geht von der Generalisierbarkeit jeder Form wilden Denkens aus, egal um welche Kultur es sich handelt. Man kann sich allerdings fragen, ob die aus *Das wilde Denken* herauszulesende Bedeutungslosigkeit der Inhalte, die an einen übermäßigen Formenreichtum der Klassifizierungen gekoppelt ist, nicht eher die Ausnahme als die Regel ist. Alle seine Beispiele sind Kulturen der sog. geographischen Zone des Totemismus entnommen und stammen in keinem einzigen Fall aus semitischen, prähellenischen oder indoeuropäischen Kulturen.[60] Lévi-Strauss merkt auch selbst an, daß es einen fundamentalen Widerspruch zwischen Geschichte – dem historischen Bewußtsein – und totemistischen Klassifikationssystemen gibt. Er nimmt sogar an, daß dieser Widerspruch eine Erklärung für die »totemistische Leere« in den Kulturen Europas und Asiens bietet (WD 268). Impliziert das jedoch nicht, daß seine Auffassungen ausschließlich für die sog. »kalten Gesellschaften« mit umkehrbarer Zeit oder, anders ausgedrückt, für Gesellschaften mit einer zyklischen Zeitperspektive Gültigkeit besitzen?

Mythologie

Besonders auf dem Gebiet der Mythenforschung ist Lévi-Strauss mit neuen Ideen hervorgetreten. Er hat einen allgemeinen Rahmen für die Mythenanalyse geschaffen, dessen heuristischer Wert sich immer wieder erweist. Seine Studien haben in erheblichem Maße zu einer Neubelebung des Interesses für die vergleichende Mythenanalyse beigetragen. Wiederholt hat sich Lévi-Strauss' zentrale Schlußfolgerung, nämlich daß das Prinzip von Korrelation und Opposition eine essentielle Rolle im Denken spielt, bestätigt. Auch der transformierende Charakter des mythischen Prozesses und die Problemorientierung des Mythos dürfen Gültigkeit beanspruchen. Dennoch werfen Lévi-Strauss' Darstellung und Einordnung der Mythen auch Fragen auf.

So kann man sich fragen, ob nicht stärker, als Lévi-Strauss es tut, der Möglichkeit Rechnung getragen werden muß, daß die soziale, historische und demographische Situation eines Volkes von großem Einfluß auf Form und Inhalt eines Mythos ist. Kann man den Einfluß des situationellen Kontextes a priori ausschließen bzw. diesen immer als sekundär betrachten, weil er der Einheit der menschlichen Denkprinzipien untergeordnet ist? Maurice Godelier z. B. ist der Ansicht, daß die strukturalen Parallelen, die in Mythen weit voneinander entfernter Gruppen zu finden sind, sich nicht aus einem »wilden Denken« oder aus der menschlichen Natur ergeben, sondern aus der durch historische, soziale und materielle Konditionen bestimmten Struktur primitiver Gesellschaften.[61]

Indem sich Lévi-Strauss von den bewußten Motivationen zugunsten der unbewußten Denkstruktur abwendet, negiert er den Einfluß spezifischer soziokultureller Faktoren auf den Mythos, vor allem in den *Mythologica*. Er vernachlässigt in gewissem Sinne die Interaktionsmuster zwischen verschiedenen Aspekten der Kultur, wie die Beziehung der Mythologie zum Ritual und die zu soziopolitischen und ökologischen

Institutionen. In dem Maße, wie die Mythenanalysen von Lévi-Strauss zunehmend vergleichender Art werden, nimmt auch die »Dekontextualisierung« der Mythen zu. Setzt er in dem Asdiwal-Mythos noch diverse Institutionen zueinander in Beziehung, so ist diese wechselseitige Bezugnahme in den *Mythologica* weit weniger ausgeprägt und eher global. Der einzige soziokulturelle Faktor, dem er in den *Mythologica* faktisch noch ausführlich Beachtung schenkt, ist ökologischer Art. Man braucht lediglich an seine Analyse der Eigenschaften verschiedener Tier- und Pflanzenarten zu denken sowie an das Bestiarium am Ende von *Das Rohe und das Gekochte*. Kaum oder gar nicht widmet er sich dem sozialen, religiösen und rituellen Kontext, in dem Mythen funktionieren. Dadurch geht zweifelsohne ein Teil ihrer Bedeutung verloren, etwas, das Lévi-Strauss übrigens nicht sonderlich stört, da er lediglich zeigen will, was mit dem »Gedachten« passiert. Diese konsequente Verfolgung seiner Zielsetzung hat jedoch ihren Preis. Gerade im Ritual kann man den Schlüssel zu der in den Mythen präsenten Symbolik finden.[62] Bei bestimmten Gruppen ist der Forscher in Ermangelung einer unabhängig von den Riten bestehenden Mythologie auf die Riten angewiesen. Die Mythen beziehen sich hier direkt auf Rituale. Ein weiterer Grund, um auf die Bedeutung des Rituals zu verweisen, besteht darin, daß in ihm die emotionalen und sozialen Funktionen der Mythen deutlich zutage treten. Mythen bilden nicht nur eine Totalität kognitiver Klassifizierungen mit dem Ziel, das Universum zu ordnen, sie sind auch – und vielleicht sogar in erster Linie – ein Mittel, um Gefühle wie Haß, Angst, Zärtlichkeit und Kummer anzuregen, zu kanalisieren und zu bezähmen. Sie sind darum auch zielgerichtet und haben aufgrund dessen einen »kognitiven« Aspekt.[63] Sie enthalten auch häufig eine *charter,* wie Malinowski das nannte.

Erst 1971, zweifelsohne auch infolge der Kritik, geht Lévi-Strauss ausführlicher auf die Beziehungen zwischen Mythologie und Ritual ein. Er bezeichnet diese Beziehung mit

Begriffen wie explizite und implizite Mythologie. In der impliziten Mythologie bleibt jede mythische Erzählung mit dieser oder jener Phase des Rituals verbunden: Nur im Zusammenhang mit rituellen Handlungen vergegenwärtigt man sich die mythischen Ideen. Das Ritual liefert hier die Erklärung für den Mythos. Übrigens beziehen sich sowohl die explizite als auch die implizite Mythologie auf dieselbe Realität. In beiden Fällen liegen Darstellungssysteme vor (My IV 784). Mythen und Riten sind dabei verschiedene Transformationen identischer Elemente. Die Mythen manifestieren sich als Metasprache, die Riten als Parasprache. Diese Parasprache macht von Gebärden und Instrumenten Gebrauch. Im Ritual geht die Affinität zur Sprache verloren; es gibt nur noch einen esoterischen Sprachgebrauch mit heiligen Worten und Formeln, der für Uneingeweihte unverständlich ist. Handlungen und Gegenstände sind Mittel, die das Ritual sich aneignet, um das Sprechen zu vermeiden; sie ersetzen Worte (My IV 789).

Die Beziehung zwischen Mythos und Ritus wird von Lévi-Strauss in einen erkenntnistheoretischen Rahmen gestellt. Mythos und Ritual sind zwei gegensätzliche, aber komplementäre Versuche des Menschen, mit der ihn umgebenden Welt zu kommunizieren. Das große Problem des Menschen, die Welt zu »fassen«, liegt in der Beziehung zwischen Kontinuität und Diskontinuität: Alles fließt ineinander und alles unterscheidet sich voneinander. Der Mythos – das Denken – steht hierbei für Diskontinuität, das Ritual – das Leben oder die Erfahrung – für Kontinuität. Der Mensch hat in seinem Denken die ihn umgebende Welt in diskontinuierliche Einheiten größeren und kleineren Umfangs eingeteilt. Das Denken liefert den Rahmen, innerhalb dessen die Erfahrung durch diskontinuierliche Begriffe in Worte gefaßt und kategorisiert wird. Die Erfahrung selbst ist jedoch fließend und hat die Neigung, durch die Maschen dieses Begriffsnetzes zu rutschen. Das Ritual ist nun ein stets zum Mißerfolg verdammter Versuch, die Kontinuität einer durch die Schematisierung »demontierten« Erfahrung wiederherzustellen

(My IV 793). Der Gegensatz zwischen Ritus und Mythos ist im Prinzip der Gegensatz zwischen Leben – Erfahrung – und Denken. Das Ritual ist jedoch keine direkte Reaktion auf die Erfahrung; es ist eine Reaktion auf das, was das Denken daraus gemacht hat. Die Emotionen, die das Ritual begleiten, sind Lévi-Strauss zufolge darum auch nicht existentieller, sondern epistemologischer Art. Sie gelten nicht der wirklichen Welt, sondern der Welt, wie der Mensch sie sich denkt (My IV 800).

Diese erkenntnistheoretische Einordnung versetzt Lévi-Strauss in die Lage, die emotionalen Aspekte, wie sie namentlich im Ritual zutage treten, zu vernachlässigen. Außerdem birgt der Nachdruck, den Lévi-Strauss auf den Gegensatz zwischen Mythos und Ritus legt, die Gefahr in sich, daß ihr komplementärer Charakter aus den Augen gerät. »Anstatt das mythische Denken zu zerstören, trägt das Ritual zum Reichtum des Systems bei, indem es greifbare Zeichen in Anspruch nimmt, die ihre Bedeutung und Geläufigkeit den Worten der artikulierten Sprache, dem primären Bestandteil des Mythos, entnehmen.«[64] Die Handlungen und Objekte des Rituals ersetzen die Worte des Mythos nicht, sondern sie unterstützen und bereichern diesen ebenso wie die Worte des Mythos dem Ritus einen zusätzlichen Sinn verleihen.

Ein völlig anderer Punkt der Diskussion betrifft Lévi-Strauss' Charakterisierung des Mythos als zeitlos und seine damit zusammenhängende These, daß Varianten von Mythen nur logische und keine chronologischen Transformationen sind. Man kann sich allerdings fragen, ob die Bedeutung eines Mythos nicht z. T. in der spezifischen Abfolge von Ereignissen und deren Wiederholung in der Erzählung liegt.[65] So macht Edmund Leach in seiner Analyse alttestamentarischer Mythen plausibel, daß die spezifische Abfolge der Ereignisse und ihre Wiederholung durchaus auch die Bedeutung von Mythen bestimmen.

Es muß auch noch eine Bemerkung zu der Präsentationsweise von Lévi-Strauss gemacht werden. Er wird nicht müde, auf die Notwendigkeit einer sehr genauen Analyse des Textes eines Mythos (oder einer Mythosvariante) hinzuweisen, da Aufbau, präzise Wortwahl und Wortassoziationen von großer Bedeutung sind. Dennoch behandelt er mehrfach Mythenvarianten nur partiell und anhand eines von ihm selbst wiedergegebenen Textes. Er erwähnt vor allem jene Aspekte des Mythos, die sich für das Aufstellen von Oppositionen anbieten. Bestimmte, von ihm als irrelevant eingeschätzte Teile läßt er außer acht, während von ihm ausgewählte Textstellen mitunter so in Worte gefaßt werden, daß zwischen Mythenvarianten Gegensätze entstehen, wo in der ursprünglichen Fassung lediglich Differenzen auszumachen sind.[66]

Lévi-Strauss setzt sich etwas zu leicht über diese Kritik hinweg. Er behauptet, daß, wenn es das eigentliche Ziel der Anthropologie ist, zu besseren Kenntnissen des objektiven Denkens und seiner Mechanismen beizutragen, es keine Rolle spielt, ob das Denken der südamerikanischen Indianer durch den Einfluß seines – also Lévi-Strauss' – Denkens geformt wird oder ob sein Denken unter dem Einfluß des Denkens der südamerikanischen Indianer Gestalt annimmt (My I 28). Die *Mythologica* stellen darum auch eine bewußte Übung im explizit symbolischen Denken dar, wobei es ziemlich unwichtig ist, ob dieses Denken sich in denselben Bahnen bewegt wie das der Indianer, solange es nur das Unbewußte reproduziert und aufdeckt. Damit ist das Problem jedoch nicht gelöst.[67] Der Anthropologe muß ebenso wie die Gruppenmitglieder Elemente lokalisieren, interpretieren und gruppieren, um die »Botschaft« zu verstehen. Will der Anthropologe die Bedeutung herausfinden, die der Mythos für jene Menschen hat, dann muß eine gewisse Identität zwischen dem Bezugsrahmen des Anthropologen und dem derer vorhanden sein, deren Kultur er untersucht. Die autochthonen Modelle und die Modelle des Anthropologen stimmen jedoch nicht zwangsläufig überein.[68]

Auf dem Gebiet des Mythos ist der Mensch ein Bastler. Eine Reihe von Mustern wird immer wieder neu zusammengesetzt, nicht so sehr um die bestehende Welt abzubilden, als vielmehr um Menschen mit potentiell ungünstigen Entwicklungen (die nur noch nicht eingetreten sind) und mit extremen Situationen zu konfrontieren, durch die sich ihr Blick auf die Wirklichkeit erweitert. Im Mythos wird mit Elementen der Wirklichkeit experimentiert. Dadurch werden Widersprüche gezeigt und Unmöglichkeiten formuliert. Es wird auch auf Gefahren hingewiesen und nach Alternativen gesucht. Diese Erschaffung »imaginärer« Welten hat also einen problemorientierten Charakter. Zunehmend weniger hat sich Lévi-Strauss allerdings mit dem beschäftigt, was *im* Mythos passiert. Er widmet sich vor allem dem, was *mit* dem Mythos geschieht, um dadurch die Algebra des Denkens in Erfahrung zu bringen. In zunehmendem Maße beschränkt er sich bei der Behandlung des Mythos auf seine Zielsetzung: die Verwendung des Mythos als Mittel, um die Prinzipien des Denkens zu durchdringen. Obwohl man niemanden vorwerfen kann, daß er sich an seine Zielsetzung hält, kann man sehr wohl auf den Preis hinweisen, den er dafür in Kauf nimmt. Dieser Preis besteht im Fall von Lévi-Strauss nicht nur in der Vernachlässigung bestimmter Aspekte des Mythos, wie des *charter*-Aspekts, sondern auch darin, daß er den bewußt denkenden und mit Bildern experimentierenden Menschen ins Abseits stellt. Dadurch entsteht eine merkliche Spannung: Einerseits interpretiert Lévi-Strauss den Mythos als einen Dialog, der den Menschen mit seiner Umwelt verknüpft, was Interaktion bedeutet, andererseits umschreibt er den Mythos als eine Reflexion des Denkens auf sich selbst. Er spricht von den Mythen, die sich selbst denken und die von der Abhängigkeit vom Konkreten befreit sind. Sie sind losgelöst von der täglichen soziokulturellen Wirklichkeit und zeigen ein Bild von der Welt, das schon in der *Architektur des Geistes* festgelegt ist (My I 437). Das heißt, daß sie die unbewußte Tätigkeit des Denkens freilegen. Indem er Betonung auf das legt, was mit dem Mythos geschieht, übersieht Lévi-Strauss das Wunder im Mythos: Der Mythos spottet über die alltäglichen Erfahrungsgesetze.[69] Das wahre, fundamentale Wesen des Mythos ist, daß die bestehende Ordnung der Dinge aus einer anderen Ordnung erklärt wird. Die mythische Ordnung ist anders und unvereinbar mit der normalen, alltäglichen Ordnung: Menschen können sich in Tiere verwandeln und umgekehrt; Tiere können sprechen und haben Umgang mit den Menschen. Dieses Wunder ist ein zentraler Aspekt des Mythos, der überdies ein logisches Problem in sich birgt, wenn man Lévi-Strauss' Charakterisierung des Mythos als einer problemorientierten Erzählung folgt: Der Mythos muß eine Schwierigkeit für das Denken mit Hilfe einer Unmöglichkeit lösen. Er übergeht dieses Problem, weil er keinen Blick für den mehr oder weniger bewußt handelnden und denkenden Menschen hat: das Subjekt. Dieses Subjekt, jener ungebetene Gast des Strukturalismus, stellt sich seiner Welt gegenüber, will sich von den anderen Erscheinungen abheben, ist sich aber zugleich bewußt, daß es dazu gehört.[70] Die Beziehung des Menschen zu seiner Welt ist undurchsichtig. Über den Mythos versucht er, diese Beziehung auszudrücken, indem er u. a. allerlei Varianten vorbringt. Deshalb hat man es so häufig mit Umkehrungen im Mythos zu tun. Es stellt sich dann auch die Frage, ob die Methode der Umkehrung so unbewußt verläuft, wie Lévi-Strauss suggeriert. Umkehrung ist eines der naheliegendsten Mittel, um der Tatsache Ausdruck zu verleihen, daß die Welt des Alltags und die des Mythos nicht identisch sind. Umkehrung ist ein Mittel, um das Außergewöhnliche darzustellen. Van Baal weist daraufhin, daß die Marind-Anim in ihrer Mythologie und in ihrem Ritual bewußt Umkehrungen einsetzen, um damit eine Kombination von Übereinstimmung und Differenz, von Identität und Kontrast anzugeben.[71] Das impliziert, daß dem bewußt denkenden und handelnden Subjekt in der Erklärung ein Platz eingeräumt werden muß.

Beweisführung

Ein Grundproblem, das in allen drei Problemfeldern eine Rolle spielt, betrifft die Spezifizierung der Beziehung zwischen empirischer und eigentlicher Realität oder, was dasselbe ist, das Verhältnis zwischen dem Bewußten und dem Unbewußten. Streckenweise geht Lévi-Strauss von einem »dialektischen Verhältnis« zwischen diesen beiden Einheiten aus. Das Bewußte »negiert« oder »verschleiert« das Unbewußte. Aber wie kann das Bewußte dies bewirken? Wenn es sich um ein dialektisches, diskontinuierliches Verhältnis zwischen dem Bewußten und dem Unbewußten handelt, wie kann sich der Mensch dann jemals das Unbewußte bewußt machen? Louis Althusser fragt sich zurecht, wie das Bewußte das entdecken kann, was anders ist als das Bewußte selbst.[72] Dieses Bewußte funktioniert doch nach den Prinzipien des Unbewußten? Es unterliegt doch denselben Prinzipien? Der Strukturalismus ist doch nur darauf aus, Determinanten ins Bewußtsein zu bringen, die im Unbewußten, in der Natur des Menschen verankert sind? Wenn das so ist, warum ist dann das Bewußtsein der heimliche Feind der Humanwissenschaften, wie Lévi-Strauss einmal behauptet hat? Das Bewußte ist das einzige, worüber der Mensch verfügt, um das Unbewußte kennenzulernen! Man darf nur nicht in den naiven Fehler verfallen, das, was Menschen in ihren kollektiven Darstellungen äußern, ohne weiteres als die »einzige«, »echte« Wahrheit zu akzeptieren. Das Verdienst von Lévi-Strauss ist darum auch, daß er auf die Existenz unterschiedlicher »Wirklichkeitsebenen« und auf die Möglichkeit hingewiesen hat, daß eine Ebene die Realität einer anderen nicht vollständig widerspiegelt, sondern verformt.

Dieselbe Ambiguität ist bei Lévi-Strauss für die Beziehung zwischen empirischer und eigentlicher Realität charakteristisch, wobei sich seine Argumentation hauptsächlich auf der zweiten Ebene bewegt. Er hat zwar dargelegt, daß das Modell und die Struktur sich nicht auf der Ebene der Empirie befinden und daß die empirischen Fakten oft irreführend sein können, aber damit ist das Verhältnis zwischen diesen beiden Ebenen noch nicht klargestellt. In einigen Fällen erweckt Lévi-Strauss den Eindruck, als bestehe ein gewisser Zusammenhang, in anderen Fällen scheint es, als ob überhaupt keine Beziehung zu bestehen braucht. Letzteres kann man aus seiner Reaktion auf die Kritik ableiten, daß ein patrilaterales System in der Praxis nicht gut funktionieren kann.[73] »Das Modell eines solchen Systems existiert zweifelsohne, nicht nur in der Vorstellung des Anthropologen, der es in der Form eines Diagramms wiedergeben kann, sondern auch in der Vorstellung der meisten Einheimischen, die diese Modelle befürworten, zugestehen oder *verwerfen*.«[74]

Es scheint, als gehe Lévi-Strauss im allgemeinen von der Existenz einer erheblichen Diskrepanz zwischen dem Modell und der empirischen Realität aus.[75] Die Welle der Kritik, die auf die fehlende Übereinstimmung seiner Modelle mit der empirischen Wirklichkeit zielt, läßt ihn darum auch weitgehend unberührt. In gewissem Sinne zurecht, da Modelle die Empirie nicht darstellen, sondern erklären. Damit sind allerdings die Probleme nicht gelöst. Wenn kein deutlich sichtbarer Zusammenhang zwischen der »Logik«, die kulturellen Phänomenen zugrundeliegt, und der empirischen Realität besteht, erübrigen sich die von Lévi-Strauss selbst vorgebrachten Argumente. Wenn es egal ist, ob materielle Manifestationen der Grundordnungen oder Denkprinzipien zu finden sind oder nicht: Was bleibt dann von seinem Argument übrig, daß die matrilaterale Kreuzcousin-Ehe häufiger vorkommt als die patrilaterale Kreuzcousin-Ehe, weil Solidarität und Integration im matrilateralen System eher zu ihrem Recht kommen? Das unklare Verhältnis zwischen dem Bewußten und dem Unbewußten hat u. a. Einfluß auf den Grad der Eindeutigkeit seiner Erklärung der Ehe. Die Ehe wurde Lévi-Strauss zufolge durch das Inzestverbot ins Leben gerufen. Das Inzestverbot beruht bei Lévi-Strauss einerseits auf der Vorstellung, daß es die Überlebenschancen vergrößert –

es ist also mit anderen Worten das Resultat eines mehr oder weniger bewußten Abwägens von Argumenten – und andererseits auf einem angeborenen Reziprozitätsprinzip, das Lévi-Strauss übrigens auch auf beiden Ebenen anwendet. Aber macht er nicht, indem er sich auf die Wirkung eines angeborenen Reziprozitätsprinzips beruft, den Faktor »Vorstellung größerer Überlebenschancen« überflüssig? Auffällig ist in jedem Fall, daß Lévi-Strauss im weiteren nicht mit diesem Faktor arbeitet und ihn in seiner Erklärung von Heiratssystemen eigentlich auch nicht braucht.

Mit der Nichtausarbeitung des Verhältnisses zwischen der Ebene der Empirie und der des Modells bzw. zwischen empirischer und eigentlicher Realität geht ein Verlust an Verifizierungsverfahren einher.[76]

Der Strukturalismus gibt zwar vor, eher Aussagen über die eigentliche Realität als über die empirische Realität zu machen, aber das impliziert nicht, daß man das Kriterium empirischer Überprüfbarkeit im Sinne operationeller Prognosen, die sich aus den vorgegebenen Propositionen ableiten lassen, ignorieren kann. Die Empirie gehört zur Wirklichkeit; sie ist die sinnlich wahrnehmbare Ebene der Wirklichkeit. Lévi-Strauss verwirft dieses Kriterium darum auch nicht direkt, aber seine Haltung dazu ist ambivalent. Auf der einen Seite scheint er die Möglichkeit empirischer Verifikation oder Falsifikation zu verwerfen – er geht davon aus, daß in den Humanwissenschaften Falsifikation à la Popper vollkommen sinnlos ist[77] –, auf der anderen Seite widersetzt er sich einer a priori-Beweisführung. Letzteres ergibt sich u. a. aus der Tatsache, daß er sogar die Logik für eine empirische Wissenschaft hält. Er ist Anhänger einer Integration logischer Strukturen – Grundordnungen – in die konkrete soziokulturelle Realität.[78] Diese Auffassung bildete den Kern seiner Vorlesung in den Vereinigten Staaten 1972.[79] Ferner versteht er seine Arbeit als eine Art »Psychologica«, weil sie auf die Entdeckung grundlegender mentaler Prozesse und Denkstrukturen zielt, wobei diese Entdeckung nicht auf Introspektion des menschlichen Geistes, sondern auf konkreten ethnographischen Daten basiert. Es sind »Psychologica« innerhalb des Kontexts von »Soziologica«. Das Gehirn hat eine universelle Struktur, es verarbeitet Material, das in Abhängigkeit von der techno-ökonomischen Umwelt und der historischen Epoche differiert. Lévi-Strauss geht darum auch davon aus, daß die strukturalistische Analyse auf einer a posteriori-Interpretation und nicht auf einer a priori-Stellungnahme beruht.

Die empirische Überprüfbarkeit des Strukturalismus von Lévi-Strauss ist gering.[80] Verschiedene Äußerungen entziehen sich einer unmittelbaren Überprüfung. Vier Faktoren sind dafür verantwortlich. Zum einen zielen die Äußerungen auf die eigentliche Realität oder »Metaempirie«, ohne daß das Verhältnis zur Empirie hinreichend spezifiziert ist. Sodann spielt die begrenzte innere Konsistenz des Strukturalismus von Lévi-Strauss eine Rolle, wodurch Begriffe und Propositionen einen unspezifischen und mehrdeutigen Charakter erhalten. Ferner haben wir es mit einem Sprachgebrauch zu tun, der diverse Metaphern und Hyperbeln enthält, die er nur unzulänglich beweist, wobei er obendrein versäumt, auf Ausnahmen von seinen Generalisierungen zu verweisen; man hat darum auch nicht den Eindruck, daß er bewußt und systematisch nach möglichen Widerlegungen gesucht hätte, so daß in einigen Fällen der Verdacht aufkommt, daß er seine Schlußfolgerungen eher illustriert als beweist. Schließlich fehlt eine klare Untersuchungs- und Beweisführungsmethodik: Die Regeln der Methode müssen noch stets geschrieben werden. Das Problem des Strukturalismus ist nicht, daß er intuitiv ist – Intuition spielt in der wissenschaftlichen Arbeit immer eine Rolle –, sondern daß kein deutlicher Kontrollapparat entwickelt wurde d. h. ein System von Regeln und Verfahren, welches festlegt, auf welche Weise das Verhältnis zwischen Empirie und Metaempirie gesehen werden muß.

Ausgangsposition

Lévi-Strauss' Strukturalismus ist ein konsequentes Plädoyer für die Bedeutung des im menschlichen Geist verwurzelten Regelmechanismus, der den soziokulturellen Äußerungsformen des Menschen zugrundeliegt. Das *Wie* des Denkens steht im Mittelpunkt des Interesses. Die Frage »wer denkt« ist so irrelevant wie das Warum. Diese Überlegung folgt aus Lévi-Strauss' Auffassung, bewußte Handlungen seien nur Epiphänomene eines unbewußten Regelsystems. Es war vor allem die Entdeckung eines unbewußten Regelsystems in der Sprache, die Lévi-Strauss dazu gebracht hat, solche Regelsysteme auch für andere soziokulturelle Äußerungsformen zu postulieren. Er versucht dabei, bewußte Kulturäußerungen auf die Wirkung unbewußter Determinanten zurückzuführen. In dieser Herleitung kann man zwei Schritte unterscheiden. Zunächst dürfen kulturelle Phänomene nicht als Phänomene *sui generis* gesehen werden, sondern sie müssen als Ausdruck von Determinanten psychischer, biologischer oder – letzten Endes – physisch-chemischer Art verstanden werden. Darüberhinaus sind kulturelle Institutionen in letzter Instanz nicht das Produkt bewußter Entscheidungen oder Handlungen des Menschen, sondern das Resultat von Denkstrukturen, durch die der Mensch unbewußt determiniert wird. Bewußte, konkrete kulturelle Aktivitäten und Inhalte haben eine lediglich abgeleitete Bedeutung.

Diese Position, die er von Beginn an einnimmt, aber erst in den *Mythologica* bis zur letzten Konsequenz verfolgt, führt zur Entdeckung eines neuen Sinnes. Kultur als Sinngebungssystem, in dem der Mensch die Beziehung zu seinen Mitmenschen und zu seiner Welt gestaltet, ist die Verwirklichung einer in der Natur angelegten Möglichkeit. Diese Sinngebung bewegt sich in bestimmten Bahnen, weil sie bestimmten Naturgesetzen unterworfen ist, und bildet so die Grundlage des Kulturvergleichs. Nur wenn menschliche Sinngebung und Kommunikation Naturgesetzen unterworfen ist – ob physisch-chemischer Art oder nicht –, ist interkulturelle Kommunikation möglich. Das schließt die Anerkennung der »psychischen Einheit der Menschheit« ein. Die Denkprinzipien, verankert in der menschlichen Natur, liefern die eigentliche Basis für die soziokulturellen Systeme, weil sich Objektivität und Subjektivität nur auf der Ebene des Unbewußten treffen und nur dort eine wirkliche Objektivität vorzufinden ist.[81] Der Strukturalismus, wie ihn Lévi-Strauss vertritt, ist mit anderen Worten die bedingungslose Kapitulation vor einer in der Natur verwurzelten, unbewußten Rationalität, eine Kapitulation, die Folgen hat.

So führt die Ausschließung des bewußt handelnden und Entscheidungen treffenden Menschen, der doch nur ein Epiphänomen einer determinierten Naturerscheinung ist, unerbittlich in den Reduktionismus. Dadurch bleiben anthropologische Schlüsselfragen, Fragen nach dem Wer und Warum – warum glauben Menschen an Mythen, warum spielen gerade diese Personen im Ritual jene bestimmten Rollen und warum hat ausgerechnet diese Gruppe jenes spezifische Heiratsschema erstellt – unbeantwortet. Sie werden nicht einmal mehr aufgeworfen. Einem solchen »verarmenden« Reduktionismus kann man lediglich entgehen, wenn man nicht nur der Grammatik – sei es der Sprache, der Verwandtschaft oder der Mythologie –, sondern auch dem bewußt gesprochenen Wort und der bewußten Handlung die erforderliche Beachtung schenkt.[82] Den verschiedenen Ebenen der menschlichen Existenz muß Rechnung getragen werden. Außer um die unbewußten Denkstrukturen geht es auch um bewußte Sinngebung, die zwar durch die Strukturen des Denkens ermöglicht wird, aber daraus allein – was den konkreten Inhalt betrifft – dennoch nicht erklärt werden kann. Lévi-Strauss weist bei seiner Ablehnung der a priori-Beweisführungen selbst darauf hin; gleichzeitig sucht er jedoch immer ausschließlicher nach Denkstrukturen. Sein Strukturalismus ist in zunehmendem Maße »die Negation jeglicher Anthropologie«.[83] Die Entscheidung für das Unbewußte impliziert auch die

Suche nach endgültigen Erklärungen, wodurch bei Lévi-Strauss das Spezifische, das, was den einen Menschen oder die eine Gruppe von dem anderen Menschen oder der anderen Gruppe unterscheidet, in den Hintergrund gedrängt wird. Nur allzu schnell vergißt er, spezifische Faktoren herauszuarbeiten und in seine Erklärungsmuster aufzunehmen. Seine feste Überzeugung, in unbewußt funktionierenden und angeborenen Determinanten endgültige Erklärungen finden zu können, bringt es mit sich, daß die intermediären Variablen vernachlässigt werden. Um dem zu begegnen, müßte die Suche nach Mustern und Ordnungen soziokultureller Institutionen wieder mehr, als es heute der Fall ist, in den Vordergrund rücken, auch wenn dies für die Kulturanthropologie implizieren würde, daß die Suche nach Denkstrukturen bis zu einem gewissen Grad unberücksichtigt bleibt.

Bei dieser Suche nach Ordnungen in den soziokulturellen Erscheinungen sollte man sich nicht auf das Studium isolierter Institutionen wie Verwandtschaft oder Mythologie beschränken, sondern man sollte sich zugleich – ja vor allem – den Beziehungsmustern zwischen diesen Institutionen widmen. Es gilt zu versuchen, das Funktionieren und die Bedeutung konkreter Institutionen sowohl aus der Beziehung der Institutionen untereinander als auch aus der Totalität einer Kultur zu erklären, einer Kultur, die so als dynamisches Ganzes betrachtet wird. Man sollte zu dem kommen, was Lévi-Strauss das Aufstellen einer *Ordnung der Ordnungen* nennt: eine Darstellung der formalen Eigenschaften des Ganzen, das aus Teilen errichtet ist, die jeweils mit einer bestimmten strukturellen Ebene korrespondieren (SA I 357). Auf diese Weise könnte die Struktur oder Grundordnung einer Kultur dargestellt werden, die anschließend mit anderen Strukturen von Kulturen verglichen werden könnte, um zu einer Klassifizierung von Strukturtypen zu gelangen.

Diese Neuorientierung, deren Richtung übrigens zu einem wesentlichen Teil einer Rückkehr zu einer früheren Phase des Strukturalismus gleichkommt, die Lévi-Strauss damals stark befürwortet (SA I 344), in seiner späteren Arbeit aber leider fallengelassen hat, bietet den wichtigen Vorteil eines Holismus, in dem nicht nur etwa den kognitiven, sondern auch den sozialen, affektiven und ästhetischen Funktionen der Mythen Beachtung geschenkt wird. Indem Mythen, Klassifizierungen und Verwandtschaftssysteme in den größeren soziokulturellen und sozialökonomischen Kontext gestellt werden, können Verbindungen zwischen der *sozialen Ordnung* und jenen *anderen Ordnungen* hergestellt werden. Besonders das Ritual kann in dieser Hinsicht eine strategische Position einnehmen. Über die Rollenverteilung im Ritual ergeben sich Anknüpfungspunkte für unterschiedliche soziale Verhältnisse. Lévi-Strauss hat selbst u. a. im Asdiwal-Mythos gezeigt, in welcher Weise der Mythos eine Reflexion über bestehende Institutionen darstellt und wie dieser auf unangenehme Entscheidungen hinweist, die getroffen werden müssen. Durch einen solchen holistischen Ansatz hat man gute Chancen, daß der Kontext, der die spezifische kulturelle Bedeutung eines Mythos oder eines Verwandtschaftssystems bestimmt, nicht aus den Augen gerät. Die Flexibilität und Mehrdeutigkeiten von Symbolen und Klassifizierungen kommen zu ihrem Recht, indem sie im Zusammenhang mit der Stellung betrachtet werden, die der Mythos oder die Klassifizierung in der Gesamtheit der Kultur einnimmt. Die Untersuchung der Totalität bietet darüberhinaus mehr Möglichkeiten, um die Spannungen und Diskrepanzen zwischen den verschiedenen Institutionen darzustellen.[84]

Schluß

Das Werk von Claude Lévi-Strauss hat trotz mancher Unzulänglichkeiten bleibenden Wert für die Theoriebildung in der Kulturanthropologie. Auf verschiedenen Gebieten hat Lévi-Strauss neue Erkenntnisse vorgetragen, die ihren Wert immer wieder unter Beweis gestellt haben. So hat er auf dem Gebiet der Verwandtschaft und der Heiratssysteme auf die große Bedeutung des Tauschs sowie auf die Rolle des mit dem Tausch zusammenhängenden inneren Bedürfnisses nach Reziprozität hingewiesen; ferner auf den Stellenwert der Bruder-Schwester-Bindung, die er (ungeachtet der Abstammungslinien) für ein Grundelement der Verwandtschaft hält. Zur Theorie der Klassifikationssysteme hat er durch sein Plädoyer für das assoziative Denken einen wichtigen Beitrag beigesteuert. Erwiesen ist, daß Einteilungen, die auf den ersten Blick irrational scheinen, eine interne Logik aufweisen. Seine Charakterisierung des »primitiven Denkens« als Bastelei ist in diesem Zusammenhang eine erhellende Metapher. Beweise für dieses Bastler-Denken finden sich vor allem in der Mythologie: Ständig wird von Bildern, Situationen und Themen Gebrauch gemacht, die von umliegenden Gruppen entlehnt sind. Lévi-Strauss hat ferner deutlich gemacht, daß Mythen nicht eine Wiedergabe der soziokulturellen Realität sind, sondern deren Reflexion; sie sind ein Mittel, um über die menschliche Existenz nachzudenken. Er hat durch diese Studien den Ansatz zu einer Grammatik des Denkens geschaffen. Die Betonung liegt allerdings auf »Ansatz«. Obwohl es Lévi-Strauss' Absicht ist, die Grammatik soziokultureller Institutionen zu schreiben, ist ihm dies nicht gelungen. Er hat zwar nachgewiesen, daß diverse Isomorphiebezüge zwischen Mythen weit voneinander entfernt lebender Gruppen bestehen und daß man sogar Relationsgesetze formulieren kann, aber das kann nur schwerlich als Grammatik bezeichnet werden. Mit Erfolg hat er dagegen gut 800 Mythen miteinander in Verbindung gebracht. Das ist keine Kleinigkeit, auch wenn Bedenken gegen eine Reihe seiner Bezüge und Schlußfolgerungen erhoben worden sind. Auch auf dem Gebiet der Verwandtschaft hat Lévi-Strauss nichts entdeckt, was mit der Grammatik der Sprache vergleichbar wäre.[85] Derselbe Schluß kann gezogen werden, was seinen Versuch anbelangt, die Grammatik des menschlichen Geistes zu erstellen.

Ob man Anhänger oder Gegner von Lévi-Strauss ist: Man muß anerkennen, daß er ein scharfsinniger Theoretiker ist, ein Mann mit Visionen, der bekannte Tatsachen in neue Zusammenhänge rückt und oftmals verblüffende Beziehungen zwischen Phänomenen herzustellen versteht. Die Anregungen und Neuerungen, die auf seinen Einfluß zurückgehen, können jedoch nur dann fruchtbar gemacht werden, wenn seine vielen Ideen und Erkenntnisse systematisiert werden, wenn Begriffe genauer definiert und aufeinander bezogen werden und wenn eine explizite Forschungsmethodik entwickelt wird.[86]

Anmerkungen

1 G. Schiwy, *Neue Aspekte des Strukturalismus,* München 1973, S. 52

2 R. Makarius, »Structuralism, Science or Ideology«. In: R. Millbord und J. Saville (Hgg.), *The Socialist Register 1974. A Survey of Movements and Ideas,* London 1974

3 R. L. Zimmermann, »Lévi-Strauss and the Primitive«. In: E. N. und T. Hayes (Hgg.), *Claude Lévi-Strauss. The Anthropologist as Hero,* Cambridge, Mass., 1970

4 S. Diamond, »The Myth of Structuralism«. In: I. Rossi (Hg.), *The Unconscious in Culture. The Structuralism of Claude Lévi-Strauss in Perspective,* New York 1974, S. 292 ff.; vgl. auch L. Krader, ebenda, S. 336 ff., und A. Wilden, ebenda, S. 273 ff.

5 B. Scholte, »Structural Anthropology as an Ethnologic«. In: Rossi (Anm. 4), S. 424

6 R. Picard, *Nouvelle critique ou nouvelle imposture,* Paris 1965; R. Barthes, *Kritik und Wahrheit,* Frankfurt a. M. 1967

7 S. de Gramont, »There are no Superior Societies«. In: Hayes (Anm. 3), S. 10

8 C. Lévi-Strauss, *Mythos und Bedeutung. Vorträge,* Frankfurt a. M. 1980, S. 113; vgl. auch R. Bellour, »Interview avec Lévi-Strauss«. In: *Les Lettres Françaises,* Jan. 1967, S. 1

9 de Gramont (Anm. 7), S. 17 f.

10 C. Lévi-Strauss: *»Primitive« und »Zivilisierte«. Nach Gesprächen aufgezeichnet von Georges Charbonnier,* Zürich 1972, S. 148

11 M. Glucksmann, *Structural Analysis in Contemporary Social Thought. A Comparison of the Theories of Claude Lévi-Strauss and Louis Althusser,* London 1974, S. 63

131

12 A. Akoun, A. F. Morin und J. Mousseau (Hgg.), *Psychology Today* 5 (12), S. 76

13 J. Lyons, *Introduction to Theoretical Linguistics*, Cambridge 1968, S. 74

14 E. Leach, *Kultur und Kommunikation. Zur Logik symbolischer Zusammenhänge,* Frankfurt a. M. 1978, S. 36

15 Glucksmann (Anm. 11), S. 55

16 M. Mauss, *Die Gabe. Form und Funktion des Austauschs in archaischen Gesellschaften,* Frankfurt a. M. 1968, S. 176

17 L. Sebag, *Marxismus und Strukturalismus,* Frankfurt a. M. 1967

18 H. G. Nutini, »Some Considerations on the Nature of Social Structure and Model Building«. In: Hayes (Anm. 3), S. 84

19 C. Lévi-Strauss: »Contributions to Discussions«. In: Sol Tax (Hgg.), *An Appraisal of Anthropology Today,* Chicago 1953, S. 115

20 Bellour (Anm. 8), S. 5

21 Y. Simonis, »Two Ways of Approaching Concrete Reality: Group Dynamics and Lévi-Strauss' Structuralism«. In: Rossi (Anm. 4), S. 363 ff.

22 M. Corvez, *Het structuralisme,* Utrecht 1971, S. 9

23 R. Bastide (Hg.), *Sens et usage du terme »structure« dans les sciences humaines et sociales,* Den Haag 1962, S. 15

24 J. Piaget, *Der Strukturalismus,* Olten und Freiburg i. Br. 1973, S. 12 f.

25 Y. Simonis, *Claude Lévi-Strauss ou la »passion de l'incest«. Introduction au structuralisme,* Paris 1968, S. 64

26 G. W. Allport, *Pattern and Growth in Personality,* New York 1967, S. 145

27 Piaget (Anm. 24), S. 107

28 C. Lévi-Strauss, »Intervista a Claude Lévi-Strauss«. In: *Aut-Aut* 77, 1963, S. 38

29 C. Lévi-Strauss, »Réponses à quelques questions«. In: *Esprit* 31, 1963, S. 633

30 G. Dumur, »A contre-courant. Interview avec Lévi-Strauss«. In: *Nouvel Observateur* 115, 1967, S. 30

31 C. Lévi-Strauss, »French Sociology«. In: W. Moore und G. Gurvitch (Hgg.), *Twentieth Century Sociology,* New York 1946, S. 520

32 C. Lévi-Strauss, »Einleitung in das Werk von Marcel Mauss«. In:

M. Mauss: *Soziologie und Anthropologie*, Bd. 1, München 1974,
S. 31

33 P. Ricoeur, *Wegen van de filosofie. Structuralisme, psychoanalyse, hermeneutiek*, Bilthoven 1970, S. 62

34 Scholte (Anm. 5), S. 424 ff.

35 Lévi-Strauss (Anm. 10), S. 33 ff.

36 Ebenda, S. 41

37 C. Dreyfus, »An Interview with Claude Lévi-Strauss«. In:
Mademoiselle, Aug. 1970, S. 237

38 Dumur (Anm. 30), S. 31

39 Lévi-Strauss (Anm. 10), S. 14 ff.

40 Lévi-Strauss verweist zwar auf den Parzivalmythos, gibt aber
weder eine Zusammenfassung noch einen Hinweis auf die be-
nutzten Quellen. Für die hier wiedergegebene Inhaltsübersicht
habe ich D. L. Daalder, *Mythen en sagen uit het oude Europa*,
1959, zu Rate gezogen.

41 Lévi-Strauss (Anm. 31), S. 528

42 Lévi-Strauss (Anm. 8), S. 74

43 Simonis (Anm. 25), S. 34 f.

44 F. Boas, »Introduction to James Teit«. In: *Memoirs of the
American Folklore Society*, Vol. 6, 1898, S. 18

45 C. Lévi-Strauss, »Histoire d'une structure«. In: W. E. A. van
Beek und J. H. Scherer (Hgg.), *Explorations in the Anthropology
of Religion. Essays in Honour of Jan van Baal*, Den Haag 1975,
S. 71 ff.

46 E. Leach, *Claude Lévi-Strauss*, Amsterdam 1970, S. 36

47 Bellour (Anm. 8), S. 1

48 J. van Baal, *Geschiedenis en groei van de theorie der Culturele
Anthropologie*, Den Haag 1977, S. 340

49 J. A. Barnes, *Three Styles in the Study of Kinship*, Berkeley 1971,
S. 155

50 M. D. Sahlins, »Essays in Economic Anthropology«. In: J. Helm
(Hg.), *Proceedings of the Annual Spring Meeting of the American
Ethnological Society*, 1965

51 J. van Baal, »The Part of Women in the Marriagetrade: Objects
or Behaving as Objects?« In: *Bijdragen tot de Taal-, Land- en
Volkenkunde*, 126, 1970, S. 289 ff.

52 Ebenda, S. 293

53 Ebenda, S. 304

54 P. Worsley, »Totemismus auf Groote Eylandt und ›Le totemisme aujourd'hui‹«. In: E. Leach (Hg.), *Mythos und Totemismus. Beiträge zur Kritik der strukturalen Analyse*, Frankfurt
a. M. 1973, S. 196

55 J. van Baal, *Symbols for Communication*, Assen 1971, S. 203

56 Worsley (Anm. 54), S. 207 ff.

57 Vgl. M. Fortes, *Totem and Taboo*, London 1966, S. 8 f.

58 D. Maybury-Lewis, »Science by Association«. In: Hayes
(Anm. 3), S. 138 f.

59 Vgl. K. O. L. Burridge, »Lévi-Strauss und der Mythos«. In:
Leach (Anm. 54), S. 132 ff.

60 Ricoeur (Anm. 33), S. 73

61 M. Godelier, »Mythos und Geschichte. Reflexionen über die
Grundlagen des wilden Denkens«. In: Ders., *Ökonomische
Anthropologie. Untersuchungen zum Begriff der sozialen Struk-
tur primitiver Gesellschaften*, Reinbek 1973, S. 293 ff.

62 D. Maybury-Lewis, »Science or Bricolage«. In: Hayes (Anm. 3),
S. 157

63 V. Turner, *Das Ritual. Struktur und Anti-Struktur*, Frankfurt
a. M. und New York 1989, S. 46 f.

64 L. de Heusch, »What shall we do with the Drunken King?« In:
Africa. Journal of the International African Institute, Vol. 45,
1975, S. 371

65 M. Douglas, »Die Bedeutung des Mythos, mit besonderer Be-
rücksichtigung von ›La Geste d'Asdiwal‹«. In: Leach (Anm. 54),
S. 105 f.; P. S. Cohen, »Theories of Myth«. In: *Man*, 4, S. 337 ff.;
E. Leach, *Genesis as Myth and Other Essays*, London 1969

66 Vgl. G. S. Kirk, *Myth. Its Meaning and Functions in Ancient and
Other Cultures*, Cambridge 1971; P. Munz, *When the Golden
Bough Breaks. Structuralism or Typology*, London 1974; M. Oppitz, *Notwendige Beziehungen. Abriß der strukturalen Anthropologie*, Frankfurt a. M. 1975

67 D. Sperber, *Rethinking Symbolism*, Cambridge 1975, S. 58

68 N. Yalman, »Das Rohe : das Gekochte : : Natur : Kultur.
Beobachtungen zu ›Le Cru et le Cuit‹«. In: Leach (Anm. 54),
S. 123

69 van Baal (Anm. 48), S. 344

70 Ebenda, S. 345

71 van Baal (Anm. 55), S. 211

72 L. Althusser, *Pour Marx,* Paris 1965, S. 143

73 Barnes (Anm. 49), S. 152

74 C. Lévi-Strauss, *The Elementary Structures of Kinship,* rev. Ausg., London 1969, S. XXXII

75 Ebenda

76 Barnes (Anm. 49), S. 168

77 Bellour (Anm. 8), S. 79

78 Vgl. I. Rossi, »Structuralism as Scientific Method«. In: Rossi (Anm. 4), S. 94

79 C. Lévi-Strauss, »Strukturalismus und Ökologie«. In: Ders., *Der Blick aus der Ferne,* München 1985, S. 159 ff.

80 S. Andreski, *Social Science as Sorcery,* Harmondsworth 1974, S. 89; A. Jenkins, *The Social Theory of Claude Lévi-Strauss,* London 1979

81 Vgl. Jenkins (Anm. 80); M. W. Barbosa de Almeida, »Symmetry and Entropy. Mathematical Metaphors in the Work of Lévi-Strauss«. In: *Current Anthropology,* 31, 1990, S. 367 ff.

82 Vgl. P. Ricoeur, »La structure, le mot, l'evenement«. In: *Esprit,* 35, 1967, S. 808

83 Vgl. Simonis (Anm. 25), S. 334

84 J. Pouwer, »The Structural-Configurational Approach. A Methodological Outline«. In: Rossi (Anm. 4), S. 238 ff.

85 N. Chomsky, *Sprache und Geist,* Frankfurt a. M. 1970, S. 122 f.; R. Needham, »Introduction«. In: Ders. (Hg.), *Rethinking Kinship and Marriage,* London 1971, S. XXXIII

86 T. Turner, »On Structure and Entropy. Theoretical Pastiche and the Contradictions of ›Structuralism‹«. In: *Current Anthropology,* 31, 1990, S. 563 ff.

Glossar

ABSTRAKTION: Regel oder Determinante, die den konkreten Ereignissen und Erscheinungen zugrundeliegt.

ÄQUIVALENZ: auf Gleichwertigkeit beruhende Transformation.

ALLIANZ: Bezeichnung in der Anthropologie für Beziehungen zwischen Abstammungsgruppen mit festen Heiratsbeziehungen.

ANALOGIE: auf Gleichartigkeit beruhende Transformation.

ARCHITEKTUR DES GEISTES: Art und Funktionieren bzw. Totalität der Denkgesetze.

AUSTAUSCH, TAUSCH: Lévi-Strauss zufolge beruht der Austausch von Gütern und Diensten letztlich auf dem Prinzip von Reziprozität zwischen Ego und Alter, das in der menschlichen Konstitution begründet liegt und durch die Erfahrung der Abhängigkeit vom Mitmenschen weiter entwickelt worden ist.

BASTLER-DENKEN: eine Denk- (und Handlungs)weise, die von konkreten, sinnlich wahrnehmbaren Einheiten (wie Farben, Pflanzen usw.) ausgeht. Handlungen gehen von bereits Bekanntem bzw. Bestehendem aus. Daraus entstehen bzw. werden zugleich Strukturen und Ordnungen konstruiert. Bastler-Denken ist mehr oder weniger synonym mit dem *wilden Denken* und der *Logik des Sinnlichen*.

CHARTER: in der Anthropologie die Legitimationsquelle für bestehende Verhältnisse oder Praktiken.

CODE: vgl. Ordnung.

DIACHRONIE: die in der Zeit aufeinander abfolgenden, sich verändernden Beziehungen zwischen Signifikanten und Signifikaten. Diachronie steht in Opposition zu Synchronie.

DYADE: Beziehung zwischen zwei Parteien (Personen, Gruppen usw.).

EREIGNIS: Zufälligkeit, die sowohl Produkt einer Struktur als Produzent von Strukturänderungen ist, der Struktur also von Lévi-Strauss nicht nur untergeordnet, sondern auch gegenübergestellt wird. Das Begriffspaar Struktur / Ereignis ist mit dem in der Linguistik verwendeten Paar »langue« (Sprachsystem) und »parole« (Sprachakt) identisch.

EXOGAMIE: Verpflichtung, einen Ehepartner außerhalb der eigenen Gruppe (von Verwandten, Dorfbewohnern usw.) zu suchen.

GELEHRTEN-DENKEN: eine Denkweise, die abstrakt definierte Größen benutzt und Aktivitäten planmäßig anstrebt. Vgl. Bastler-Denken.

GERÜST: die in einem Mythos konstanten bzw. immer wiederkehrenden Elemente.

HOMOLOGIE: auf Entsprechung beruhende Transformation.

HYPERGAMIE: Heirat einer Frau mit einem Mann, der einem höheren Stand, einer höheren Klasse oder Kaste angehört.

INVERSION: Transformation, die Sequenzen oder Identitäten umkehrt, z. B. aus Mann wird Frau.

ISOMORPHIE: auf Gleichgestaltigkeit beruhende Transformation.

KLASSIFIKATOR: zur Klassifizierung benutzte, abstrakt formale Größe (Plus-Minus, charakteristisch für Gelehrten-Denken) bzw. Merkmale konkreter, sinnlich wahrnehmbarer Einheiten aus dem Alltag (z. B. Naturereignisse, Pflanzen, Tiere oder Teile davon; charakteristisch für Bastler-Denken).

KLASSIFIZIERUNG: Einteilung von Erscheinungen und Objekten in Klassen über perzipierte und konzipierte Übereinkünfte und Unterschiede zwischen Erscheinungen und Objekten.

KONGRUENZ: Transformation, die auf Übereinstimmung, allerdings in der spezifischen Bedeutung von Gleichwertigkeit oder Deckungsgleichheit, beruht.

KONTINUIERLICH, DISKONTINUIERLICH: vgl. umkehrbare, nichtumkehrbare Zeit.

KREUZCOUSINS: Kinder des Mutterbruders oder der Vaterschwester oder Kinder von Blutverwandten ungleichen Geschlechts, die Kinder desselben Elternpaars sind.

KULTUR – NATUR: die Beziehung zwischen dem von der menschlichen Konstitution bedingten Potential und den von der Tradition überlieferten Bräuchen. Zwischen Kultur und Natur gibt es eine unlösliche, inhärente Verbindung in dem Sinne, daß Kultur die zeitlich und geographisch variierte Aktualisierung dieses in der menschlichen Natur enthaltenen Potentials ist.

LOGIK DES SINNLICHEN: vgl. Bastler-Denken.

MANA: melanesischer Begriff, der eine übernatürliche Kraft andeutet, die in Menschen, Tieren oder Gegenständen vorhanden sein kann, ihnen aber nicht inhärent ist. Mana kann mit anderen Worten zu- oder abnehmen, kann kommen und gehen.

MODELL: vereinfachte Abbildung, die über Reduktion erlaubt, unterliegende Determinanten oder Mechanismen zu durchdringen.

MOIETY: Bezeichnung in der Anthropologie für zwei einander ausschließende Subgruppen (Stammeshälften) einer Gesellschaft.

MYTHEM: die kleinste Einheit mit Bedeutung, in die ein Mythos zerlegt werden kann. Häufig wird in einem Mythem eine bestimmte Aktivität oder ein besonderes Merkmal zum Ausdruck gebracht.

MYTHOS: eine problemorientierte, mündliche, von Generation zu Generation und von Gruppe zu Gruppe überlieferte Erzählung, in der Ereignisse vorkommen, die alltägliche Erfahrungsgesetze verspotten.

OPPOSITION: bestehender oder konstruierter Gegensatz im Denken oder Handeln.

ORDNUNG: ein spezifischer Bereich oder Teil einer Kultur, wie Verwandtschaft, Wirtschaft, Ökologie oder Politik. Als solche bildet eine Ordnung ein Bedeutungssystem und wird deshalb auch *Code* genannt.

ORDNUNG DER ORDNUNGEN: Totalität der Beziehungen (bzw. Beziehungsmuster) zwischen unterschiedlichen Bereichen (Ordnungen) in einer Kultur. Dabei ist Kultur zu verstehen als ein umfassendes System von Symbolsystemen, in denen der Mensch kommuniziert.

PARADIGMATISCH: auch metaphorisch, auf dem Erkennen von Übereinstimmung beruhend. Die paradigmatische Beziehung betrifft Zeichen, die potentiell in demselben Kontext vorkommen können, zu derselben Klasse gehören.

PARALLELCOUSINS: Kinder der Schwester der Mutter und des Bruders des Vaters oder Kinder von Blutverwandten des gleichen Geschlechts, die Kinder eines Elternpaares sind.

PERMUTATION: auf Vertauschung, Umstellung der Reihenfolge beruhende Transformation.

REFERENZMYTHOS: Mythosvariante, die als Grundlage für die Analyse eines Komplexes von Mythosvarianten benutzt wird.

REZIPROZITÄT: Gegenseitigkeit; Prinzip, das beinhaltet, daß die Entgegennahme von Diensten oder Gütern den Empfänger dazu verpflichtet, zu einem bestimmten oder nicht bestimmten Zeitpunkt seinerseits entsprechende Werte an denjenigen zurückzugeben, der einem die Dienste erwiesen bzw. die Güter gegeben hat.

SIGNIFIKANT: Bedeutungsträger, Lautbild eines Zeichens.

SIGNIFIKAT: Bedeutung eines Zeichens; mit dem Lautbild arbiträr verbundenes Konzept.

STRUKTUR: (1) (System von) Denkprinzipien, (2) konkrete Ordnungen oder Klassifizierungen, Beziehungsmuster zwischen empirischen Phänomenen, (3) (Totalität der) Transformationsgesetze, Mechanismen, die Ordnungen zugrundeliegen.

SYMMETRIE: Transformation spiegelbildlicher Situationen.

SYNCHRONIE: die gleichzeitigen, zu einem bestimmten Zeitpunkt bestehenden Beziehungen zwischen Signifikanten und Signifikaten. Synchronie steht in Opposition zu Diachronie.

SYNTAGMATISCH: auch metonymisch, beruht auf dem Bestehen von Nähe (Kontiguität). Beziehungen eines Zeichens zu anderen Zeichen, die diesem vorausgehen, ihm folgen oder es einschließen, sind syntagmatisch.

TOTALISIERUNG, DETOTALISIERUNG, RETOTALISIERUNG: die menschliche Kapazität oder Praxis, fortwährend allerlei Phänomene über allerlei Kriterien in mehr oder weniger umfassende Klassen einzuordnen. Dabei treten fortwährend Fusions- und Spaltungsprozesse (Retotalisierungen bzw. Detotalisierungen) auf.

TRANSFORMATION: Ver- oder Umwandlung der einen Form oder Funktion in eine andere. Im Strukturalismus wird Transformation in der allgemeinen Bedeutung von Gesetzen, Prinzipien oder Prozessen, die Veränderungen regulieren, bzw. von Prinzipien oder Prozessen, die den bestehenden Strukturen zugrundeliegen, benutzt. Diese Struktur von Regeln ist nicht unmittelbar empirisch einsichtig. Sie ist jedoch aus der Empirie abzuleiten. Man kann sie entdecken, indem man untersucht, ob man Gemeinsamkeiten oder Verschiedenheiten zwischen Zeichen als Transformationen voneinander auffassen kann.

TRIADE: Beziehung zwischen drei Parteien (Gruppen, Personen

usw.), von Lévi-Strauss vor allem in Zusammenhang mit Heirats- und Verwandtschaftsbeziehungen benutzt.

Umkehrbare Zeit, nicht-umkehrbare Zeit: unterschiedliche Erfahrung und Anwendung von Zeitkategorien, bei denen die Gegenwart als Spiegelbild der Vergangenheit und Zukunft (umkehrbare Zeit) bzw. als deutlich abweichende Fortsetzung der Vergangenheit (nicht-umkehrbare Zeit) betrachtet wird. Äquivalent von umkehrbar / nicht-umkehrbar ist *kontinuierlich / diskontinuierlich*.

Wildes Denken: vgl. Bastler-Denken.

Zeichen: Dem Strukturalismus und Lévi-Strauss zufolge eine in einer bestimmten Sprache oder Kultur konventionelle Kombination, Doppelheit oder Verbindung zwischen Lautbild und Konzept bzw. Signifikant und Signifikat.

Literatur

Bücher von Claude Lévi-Strauss

La vie familiale et sociale des indiens Nambikwara, Paris 1948
Les structures élémentaires de la parenté, Paris 1949
Race et histoire, Paris 1952
Tristes tropique, Paris 1955
Anthropologie structurale, Paris 1958
Le totemisme aujourd'hui, Paris 1962
La pensée sauvage, Paris 1962
Mythologiques I. Le cru et le cuit, Paris 1964
Mythologiques II. Du miel aux cendres, Paris 1966
Mythologiques III. L'origine des manières de table, Paris 1968
Mythologiques IV, L'homme nu, Paris 1971
Anthropologie structurale II, Paris 1973
La voie des masques, Genf 1975
Le regard éloigné, Paris 1983
Paroles données. Paris 1984
La potière jalouse, Paris 1985

Fast alle Bücher von Lévi-Strauss liegen in deutscher Übersetzung,
viele in preiswerten Taschenbuchausgaben, vor:

Die elementaren Strukturen der Verwandtschaft, Frankfurt a. M.
   1981
Rasse und Geschichte, Frankfurt a. M. 1972
Traurige Tropen, Frankfurt a. M. 1978
Strukturale Anthropologie, Frankfurt a. M. 1967
Das Ende des Totemismus, Frankfurt a. M. 1965

Das wilde Denken, Frankfurt a. M. 1968
Mythologica I. Das Rohe und das Gekochte, Frankfurt a. M. 1971
Mythologica II. Vom Honig zur Asche, Frankfurt a. M. 1972
Mythologica III. Der Ursprung der Tischsitten, Frankfurt a. M. 1973
Mythologica IV. Der nackte Mensch, Frankfurt a. M. 1975
Strukturale Anthropologie II, Frankfurt a. M. 1975
Der Weg der Masken, Frankfurt a. M. 1977
Der Blick aus der Ferne, München 1985
Eingelöste Versprechen, München 1985
Die eifersüchtige Töpferin, Nördlingen 1987

Einen guten Einstieg in das Denken von Lévi-Strauss bieten drei
Bücher, die Radiovorträge sowie Interviews und Diskussionen mit
Lévi-Strauss enthalten:

C. Lévi-Strauss, *»Primitive« und »Zivilisierte«. Nach Gesprächen
aufgezeichnet von Georges Charbonnier,* Zürich 1972
C. Lévi-Strauss: *Mythos und Bedeutung. Vorträge,* Frankfurt a. M.
1980
C. Lévi-Strauss / D. Eribon, *Das Nahe und das Ferne. Eine Auto-
biographie in Gesprächen,* Frankfurt a. M. 1989

Weiterführende Literatur

Jean Piaget, Der Strukturalismus, Olten / Freiburg i. Br. 1973. Pia-
gets schmales Buch ist vorzüglich geeignet, in die Grundzüge strukturalistischen Denkens einzuführen, indem es dessen je spezifische
Formen in verschiedenen Disziplinen (Mathematik, Biologie, Psy-
chologie, Linguistik, Anthropologie, Philosophie) vorführt. Piaget
gibt einen systematischen und kritischen Überblick über die Proble-
matik des Strukturbegriffs und setzt sich mit den wichtigsten Vertre-
tern des Strukturalismus (neben Lévi-Strauss vor allem Ferdinand de
Saussure, Noam Chomsky und Michel Foucault) auseinander.

Günther Schiwy, Neue Aspekte des Strukturalismus, München 1973.
Nach Schiwy bezeichnet der Strukturalismus eine neue Phase innerhalb der Entwicklung der Wissenschaftstheorie. Die französische
Strukturalismusdebatte seit 1966 wird ebenso kenntnisreich dargestellt wie die deutsche Rezeption. Schiwy befaßt sich auch mit dem

Vorwurf, der Strukturalismus habe eine systemerhaltende Funktion, er sei mithin konservativ. Unter der Voraussetzung, daß er seine Methodologie nicht verabsolutiere und für neue Entwicklungen offen bleibe, weist Schiwy diesen Vorwurf gegen den Strukturalismus als unbegründet zurück.

Edmund Leach, Kultur und Kommunikation. Zur Logik symbolischer Zusammenhänge, Frankfurt a. M. 1978. Der Autor versteht sein Buch ausdrücklich als Einführung in die strukturalistische Sozialanthropologie. Leach gibt dem Leser einen semiologischen Leitfaden in die Hand, der es erlaubt, Zeichen und Symbole, die in komplexe kulturelle Systeme eingebettet sind, zu decodieren, zu ordnen und zu analysieren.

Edmund Leach (Hg.), Mythos und Totemismus. Beiträge zur Kritik der strukturalen Analyse, Frankfurt a. M. 1973. Der Band vereinigt neben einer Mythos-Analyse von Lévi-Strauss (»Die Geschichte von Asdiwal«) sechs Beiträge (von Mary Douglas, Nur Yalman, K. O. L. Burridge, Michael Mendelson, Peter Worsley, Robin Fox), die sich durchaus kontrovers mit der strukturalen Lesart von Mythos und Totemismus beschäftigen. Die Aufsätze gehen auf ein Symposion aus dem Jahre 1964 zurück und reflektieren ein Niveau der Auseinandersetzung mit Lévi-Strauss' Mythos-Analyse, das noch nicht auf dem Stand der Kenntnis der – damals noch nicht erschienenen – vierbändigen *Mythologica* war.

Wolf Lepenies / Hans Henning Ritter (Hgg.), Orte des wilden Denkens. Zur Anthropologie von Claude Lévi-Strauss, Frankfurt a. M. 1970. Der Band erschien zu einer Zeit, in der sich das »wilde Denken« einer gewissen Popularität in Westdeutschland erfreute. Edmund Leach zeichnet das Bild eines »philosophischen« Anthropologen. Ritter erweist Lévi-Strauss als Leser Rousseaus Reverenz, während Lepenies den Spuren von Marx im Werk des Ethnologen nachgeht. Auch als Leser Freuds (Herbert Nagel) und Saussures (Rodolphe Gasché) wird Lévi-Strauss vorgestellt.

Michael Oppitz, Notwendige Beziehungen. Abriß der strukturalen Anthropologie, Frankfurt a. M. 1975. Dem Autor geht es um die Überwindung der unfruchtbaren Kluft zwischen theoretischer Analyse und Feldforschung innerhalb der Anthropologie. Mit Hilfe eines strukturalistischen Strukturbegriffs rekonstruiert er jene drei

Felder, die als Domänen der ethnographischen Forschung gelten: die elementaren Strukturen der Verwandtschaft, die Klassifizierungssysteme und die Mythologie. Oppitz zeigt, daß diese drei Bereiche sich durch ein logisches Arrangement der sozialen Phänomene auszeichnen, d. h. durch notwendige Beziehungen zwischen ideologischen und materiellen Aspekten einer Gesellschaft. Die strukturalistische Analyse weist nach, daß die diversen Elemente einer Gesellschaft ein kohärentes System bilden, welches die Aktivitäten der Individuen strukturiert. Dieser Nachweis macht es möglich, eine Brücke zwischen anthropologischer Theorie und Praxis zu schlagen. Im Anhang des Bandes findet sich eine Bibliographie sämtlicher Schriften von Lévi-Strauss, die bis 1973 reicht.

David Pace, Claude Lévi-Strauss. The Bearer of Ashes, London 1983. Die Studie von Pace ist eine wissenschaftssoziologische Analyse, die Zusammenhänge zwischen dem Gesamtwerk von Lévi-Strauss und der Person des Wissenschaftlers sowie deren soziokulturellem Umfeld aufzuhellen sucht. Pace beschäftigt sich vor allem mit den *Traurigen Tropen,* dem persönlichsten und literarischsten Buch von Lévi-Strauss, und mit dessen Kritik am Ethnozentrismus und am kulturellen Evolutionismus. Es entsteht das Bild eines Intellektuellen, der sich einerseits um das Schicksal bedrohter »primitiver« Kulturen und Gesellschaften sorgt, der aber andererseits ebenso sehr in die Interessen und Spielregeln des Wissenschaftsbetriebs verstrickt ist.

Biographische Daten

1908 Am 28. November wird Claude Lévi-Strauss als Sohn des Kunstmalers Raymond Lévi-Strauss und dessen Frau Emma Lévi in Brüssel geboren

1914 Übersiedlung der Familie nach Versailles

1927 Aufnahme des Philosophiestudiums an der Sorbonne. Nebenbei Studium der Rechte

1931 Beendigung des Studiums mit sehr gutem Ergebnis

1932 Eheschließung mit Dina Dreyfus. Zunächst Lehrer am Gymnasium von Mont-de-Marsan, wenig später Übersiedlung nach Laon

1934 Berufung zum Professor für Soziologie an der Universität Sao Paulo. Erste Erfahrungen im »Feld« bei Indianerstämmen im Inneren Brasiliens

1936 Veröffentlichung des ersten anthropologischen Artikels

1938 Teilnahme an einer französisch-brasilianischen Expedition ins Innere Brasiliens

1939 Rückkehr nach Frankreich. Verbindungsoffizier in der Armee

1941 Nach der Niederlage der französischen Armee gelingt dem Juden Lévi-Strauss über Marseille die Flucht nach New York. Bis Kriegsende wissenschaftlicher Mitarbeiter an der New York School of Social Research. Folgenreiche Begegnung mit dem Sprachwissenschaftler Roman Jakobson, dem »Vater« der strukturalen Linguistik

1946 Eheschließung mit Rose Marie Ullmo. Kulturattaché an der französischen Botschaft in den USA

1947 Rückkehr nach Frankreich. Gemeinsam mit Emile Benveniste, Pierre Gourou und André Leroi-Gourhan Gründung der anthropologischen Zeitschrift *L'Homme*

1948 Doktor der Literaturwissenschaft an der Universität Paris. Stellvertretender Direktor des Musée de l'Homme. *La vie familiale et sociale des Indiens Nambikwara*

1949 Berufung zum Professor für Religionswissenschaften an der Sorbonne. Erscheinen des ersten Hauptwerks *Die elementaren Strukturen der Verwandtschaft*

1950 Direktor der Abteilung Anthropologie an der Ecole Practique des Hautes Etudes. Forschungsreise nach Ostpakistan

1952 Im Auftrag der Unesco Veröffentlichung von *Rasse und Geschichte*

1954 Eheschließung mit Monique Roman

1955 *Traurige Tropen*

1958 *Strukturale Anthropologie*

1959 Ernennung zum Professor für Sozialanthropologie am Collège de France

1962 *Das Ende des Totemismus; Das wilde Denken*

1963 Auseinandersetzung mit Paul Ricoeur u. a. über das Verhältnis von Strukturalismus und Hermeneutik

1964 Erster Band der *Mythologica*. Ehrendoktor der Universität Oxford

1965 Ehrendoktor der Universität Yale

1966 Auszeichnung mit der »Viking Fund Medal«

1967 Ehrendoktor der Universität Chicago

1968 Auszeichnung mit der Goldmedaille des Centre National de la Recherche Scientifique, der höchsten wissenschaftlichen Ehrung, die Frankreich zu vergeben hat

1970 Ehrendoktor der Columbia Universität

1971 Abschluß der *Mythologica*

1973 *Strukturale Anthropologie II*

1974 Als erster Anthropologe wird Lévi-Strauss Mitglied der Academie Française

1975 *Der Weg der Masken*

1982 Emeritierung

1985 *Die eifersüchtige Töpferin*

1986 Ehrendoktor der Universität Harvard

Reihe Campus Einführungen

Ulrich Charpa
Aristoteles
Reihe Campus Einführungen Band 1045
1991. Ca. 150 Seiten

Charpa hält sich an Aristoteles' Überzeugung, daß wir alle Philosophen seien
– was bedeutet: daß man Erkenntnis über die Welt gewinnen, sich über das
rechte Handeln kundig machen und nach Möglichkeiten suchen soll, selbst
Produktives beizusteuern. Entsprechend erläutert der Autor, wie Aristoteles
das gewöhnliche Verständnis der theoretischen, der sozialen und der pro-
duktiven Seite unseres Lebens auf Begriffe bringt.

Walter Reese-Schäfer
Richard Rorty
Reihe Campus Einführungen Band 1046
1991. Ca. 140 Seiten

Richard Rorty gilt als der wichtigste Vertreter der amerikanischen Gegen-
wartsphilosophie.
Reese-Schäfer geht in seiner Einführung von den pointierten Thesen Rortys
aus und führt ein in deren philosophische und auch kulturelle Grundlagen.
Er kann dabei verdeutlichen, daß Rorty mit seinem Denken die zunehmend
geforderte praktische Wendung der Philosophie beispielhaft verwirklicht.

Peter Cardorff
Martin Heidegger
Reihe Campus Einführungen Band 1047
1991. Ca. 140 Seiten

Heideggers Denken wird kaum verstanden – und viel weniger diskutiert als
sein Leben und Handeln.
Diese Einführung sucht das Lagerdenken aufzubrechen, indem sie das Werk
sichtet jenseits der festsitzenden Pro- und Kontrapositionen. Ausgehend
vom Verständnisproblem und vom Grundgedanken dieser Philosophie entwickelt der Autor Heideggers Denkweise in beispielhafter Genauigkeit und
Klarheit.

Campus Verlag · Frankfurt am Main

Reihe Campus Einführungen

Walter Reese-Schäfer
Jürgen Habermas
Reihe Campus Einführungen Band 1041
1991. 144 Seiten

Ohne Frage ist Jürgen Habermas die zentrale Figur der heutigen Sozialphilosophie in Deutschland. Walter Reese-Schäfer konzentriert sich auf die wichtigsten Arbeiten von Habermas und macht die Begründungen transparent, die Habermas seinem Konzept des kommunikativen und moralischen Handelns unterlegt.

Norbert Bolz, Willem van Reijen
Walter Benjamin
Reihe Campus Einführungen Band 1042
1991. 144 Seiten

Die Autoren gehen bei ihren Darstellungen von einem systematischen Gesichtspunkt aus: das Benjamins Denken bestimmt war durch den Versuch, Extreme miteinander zu verknüpfen. Im Licht der radikalen Konsequenz dieses Vorhabens lassen sich die wichtigen Themenkomplexe Benjamins überzeugend strukturieren.

D. D. Raphael
Adam Smith
Aus dem Englischen von Udo Rennert
Reihe Campus Einführungen Band 1043
1991. 140 Seiten

Wie kein anderes Buch ist diese Schrift dazu angetan, in das Denkuniversum von Smith einzuführen. Sie läßt den »roten Faden« sichtbar werden, der sich durch das gesamte und auf den ersten Blick ganz disparate Werk von Smith zieht.

Günter Schulte
Immanuel Kant
Reihe Campus Einführungen Band 1044
1991. 180 Seiten

Das »kritische Geschäft« der Philosophie Kants besteht in dem Verlangen, ein »Vernunftexperiment« mit der Idee des Unbedingten anzustellen. Günter Schultes Kant-Einführung verfolgt schrittweise, wie sich dieses Programm in die drei »Kritiken« verzweigt, die Kritik der reinen Vernunft, die Kritik der praktischen Vernunft und die Kritik der Urteilskraft.

Campus Verlag · Frankfurt am Main